—— 作者 ——

## 罗伯特·C. 艾伦

纽约大学阿布扎比分校全球特聘教授，牛津大学纳菲尔德学院高级研究员，英国社会科学院院士。致力于经济史、技术革新和公共管理策略等方面的研究。著有《近代英国工业革命揭秘：放眼全球的深度透视》《圈地与自耕农：南中部地区的农业发展，1450—1850年》等。

A VERY SHORT
INTRODUCTION

# THE INDUSTRIAL REVOLUTION

# 工业革命

［英国］罗伯特·C. 艾伦 著
史正永 赵后振——译

译林出版社

**图书在版编目（CIP）数据**

工业革命/（英）罗伯特 · C. 艾伦（Robert C. Allen）著；史正永，赵后振译.
—南京：译林出版社，2024.1(2024.10重印)
(译林通识课)
书名原文：The Industrial Revolution: A Very Short Introduction
ISBN 978-7-5447-9971-3

Ⅰ.①工…　Ⅱ.①罗…　②史…　③赵…　Ⅲ.①产业革命－世界　Ⅳ.①F419

中国国家版本馆 CIP 数据核字（2023）第 220987 号



**工业革命　[英国] 罗伯特 · C. 艾伦 / 著　史正永　赵后振 / 译**

责任编辑　陈　锐
特约编辑　茅心雨
装帧设计　孙逸桐
校　　对　孙玉兰
责任印制　董　虎

原文出版　Oxford University Press, 2017
出版发行　译林出版社
地　　址　南京市湖南路 1 号 A 楼
邮　　箱　yilin@yilin.com
网　　址　www.yilin.com
市场热线　025-86633278
排　　版　南京展望文化发展有限公司
印　　刷　南京新世纪联盟印务有限公司
开　　本　850 毫米 × 1168 毫米　1/32
印　　张　5.25
插　　页　4
版　　次　2024 年 1 月第 1 版
印　　次　2024 年 10 月第 2 次印刷
书　　号　ISBN 978-7-5447-9971-3
定　　价　59.00 元

# 序　言

陈晓律

工业革命是人类历史上最伟大的革命之一，要对这样一个伟大的事件进行界定显然是一个困难的事情。但它与我们的日常生活太密切了，因为我们毕竟生活在工业革命以后的时代里，无论从何种角度考虑，我们对它都不可能没有一点自己的了解。于是，提供一个大众都能够接受，并且应该了解的工业革命ABC，就显得十分必要了。

罗伯特·C.艾伦的这本《工业革命》，正是这样一个合适的读本。全书篇幅不大，但已经足够向人们描述工业革命是怎么一回事情。能做到这一点，对于一本一百多页的小册子，已经是一个了不起的成就。然而，它给我们的惊喜并不仅限于此。

首先，它给我们提供了一个关于工业革命的简要定义①。无论如何，有关工业革命的书籍，必须有一个简要的概括，对工业革命

① 一些学者认为，工业革命的本质就是"勤勉革命"，也是对走向工业化进程中劳动集约型路径的表述。美国学者德·弗里斯也提出要用"勤勉革命"（Industrious Revolution）来替代"工业革命"（Industrial Revolution）。见Jan de Vries, "*The Industrial Revolution and the Industrious Revolution*", *Journal of Econom ic History*, Vol. 54 (1994), pp.249—270。尽管如此，学界多数人还是认为工业革命与蒸汽机及其提供的动力有关。

进行界定。就学界的一般理解而言，工业革命是英国社会经济长期演变的结果，是一种技术进步的产物。这个技术进步是一个缓慢的过程，但最终，所有的技术进步都汇聚到了一个划时代的产品——蒸汽机。可以这样说，只要人们提到蒸汽机，就会想到工业革命，而一提到工业革命的标志，人们也很容易联想到蒸汽机。这个机器具有如此巨大的影响力，在于它终于在人类所使用的人力、畜力、风力、水力和其他有机燃料等动力之外，首次使用了化石燃料，由此改变了人类获取自然动力的方式。正因如此，蒸汽机才会如此受人关注。而蒸汽机这样一种机器，是不是由英国原创，实际上也是有争议的。毫无疑问，蒸汽机的发明与整个欧洲的科学革命相关，给蒸汽机提供基础支持的科学来自整个欧洲，但主要的科学家是意大利人、德国人和法国人，然而，最终研究和开发成功的是英国人。这就发人深思了，为何不是其他国家推出了工业用的蒸汽机？是因为英国的蒸汽机具有市场应用前景？但为何它在英国拥有市场前景？追问下去，第二个问题也就逐步展开了。

那就是，为何工业革命发生在英国而不是其他欧洲国家？显然，问题的回答并不简单。作者从大航海对西北欧带来的一系列变化开始，于是，本书实际上是一部1500年后全球发展史的缩影版本。全球化的机遇使英国受益匪浅，世界贸易的增长给英国带来新的产品；而英国的扩张也给英国的产品开辟了市场。再次，商业扩张和工资上涨改善了劳动力的健康状况和实力，提高了教育和技能的回报，助力英国工业应对外国竞争的挑战。其结果是识字率、计算能力和贸易技能的提高，这些都为制造业提供了支持。而这些细微的差异，却最终在工业革命的关键阶段发挥了决定性的作用。当机器开始在英国纺织业中普遍应用时，欧洲大陆各国却没有动力使用机器代替工人生产。因为他们的劳动力太便宜了，相对于机器设备的成本，所节省的劳动力价值很小。由此可见，即便在几百年前，劳动力过于便宜也不是什么好事情。所以，书中也提到了，工业革命也是一种文化发展，是工业启蒙的产物。人们开始以“科学”的态度对待各种事物。而英国的工业启蒙深度和广度显然远远超越了欧洲的其他国家。这使得在英国的生产中，各种创造发明更容易受到社会的重视和推广，这对于大规模的生产活动显然也是很重要的。书中也提到了相反的看法，即技术发明与启蒙没有什么关系，专利也不是技术进步的必要条件，很多工程师与启蒙运动没有什么关系。显然，在一个巨大的社会潮流中，每个人的行为未必是那么理性，可以那么精确地加以分析。人们在这样的潮流中，能够做自己想做的事情，获得应有的报酬，就行了。

当然，投资环境也很重要。如果没有一个稳定的市场环境，投资者的信心就很难建立，也就只能挣快钱，不可能坚持长期投资。而英国的一系列政治变革，限制了国王的权利，禁止任何人在国家大事上拍脑袋决策，对于投资环境的改善，应该很有帮助。不过，将工业革命归因于资本主义的兴起是影响最大的观点，其主要代表应该是马克思的看法。他认为，资本主义是有很多竞争企业的体系。每家公司都必须提高生产率，否则就会被那些更为进取的企业挤出市场，其结果就是造成快速的资本积累和技术变革。因此，解释发展的秘诀，就是解释资本主义崛起的理由。马克思认为其中有两个重要渠道，那就是英国乡村社会的重组与劳动力和生产手段分离。当然，全球化对英国经济革命的重要性也毋庸置疑。

至于劳动者，尤其是工人在经济增长过程中的收入，也需要厘清。显然，工人收入的增长主要是在工业革命后期，且不同的技术工人之间也有差别，贫穷与繁荣共存。但总的来说，工业革命使英国普通工人的收入增加了。人们的生活较之工业革命前，已经跨越了一个重大的阶段。

总体来看，大航海与新贸易线路的形成，海外市场的扩展，社会经济的转型，科学启蒙的浪潮，英国的政治更具法治性和可以预测的政治稳定，劳动者与生产资料分离，都提供了工业革命的必要条件，当然，殖民掠夺和奴隶贸易也是必不可少的。光靠掠夺是不行的，但没有掠夺也是万万不行的。最终，随着蒸汽机的出现，工业革命开启了自己的时代。这些归纳，应该说中规中矩，几乎没有遗漏什么重要的东西。如果不了解工业革命的读者，阅读之后，对工业革命肯定会有自己的一个解答。

如果此书就此结束，固然不错，因为它已经完成了一百多页小书应该完成的任务。但作者并未止步于此，它给人的意外之喜是，继续将工业革命在世界的扩展纳入了议题之中。工业革命是全球化的产物，它也必然反过来推进全球化。而其中，苏联和中国是工业革命后续队伍中最引人注目的例子。作者难得地客观评价了苏联的计划体制。他指出，当时的苏联大部分人从事农业生产，强烈需要建立资本储备，所以，中央计划在这方面是有效的，直到20世纪80年代之前，苏联的国内生产总值都在快速增长。在此期间，苏联在世界制造业的比重从5%增长到15%，但效率却越来越差。戈尔巴乔夫为克服弊端，引进了市场模式。随后苏联解体，制造业的比重直线下降，可见转向“市场”并非成功的保证。这一观点，较为客观，显然有别于主流的西方学者。

中国也得到了作者的关注。1949年后，中国也效仿苏联，但1953年到1980年间，中国在世界制造业的份额仅从2%增长到5%。1992年后，中国宣布要建立社会主义市场经济体制，于是中国得到了迅猛的发展。他认为，将中国与苏联进行对比具有启发意义。中国保留了中央计划的有效部分，扬弃了那些被证明是适得其反的部分。将竞争与计划相结合，或许能让中国摆脱苏联模式的种种矛盾。作者的这些看法是否正确，我相信中国的读者比任何人都更有资格进行评判。

书中还有很多丰富的内容，这里就不一一介绍了。总之，这是一本关于工业革命ABC的读本，但并不仅仅止步于ABC。有心的读者会发现，它递给了我们一把理解当今世界的钥匙。

珍惜这把钥匙吧，尽管它的价格不贵。

2023年2月20日星期一

于成都市文星小镇

# 目 录

# 致　谢

感谢牛津大学出版社的安德里·基根，他有信心——两次签约聘用我来写这本书。

第三章的大部分内容最初出自罗德里克·弗洛德、简·汉弗莱斯和保罗·约翰逊（合编）《剑桥现代英国经济史》一书中，罗伯特·C. 艾伦撰写的论文《技术》（剑桥：剑桥大学出版社，2014：第1卷，第292—320页）。感谢剑桥大学出版社允许我使用这些材料。

感谢以下阅读手稿并给予我评论的人：戴安娜·弗兰克、马修·艾伦、利基塔·维克凯特、斯坦·恩格曼、帕特里克·奥布莱恩、佩特拉·莫瑟、彼得·泰明以及牛津大学出版社的读者。我从他们的反馈中受益匪浅。当然，若仍有错讹，鄙人之过也。

写一本书花费的时间总会超出预期，这些时间都是从周末、晚间和假期中偷取而来的。我错过了（与家人一道）植树、筑墙、骑车穿越欧洲、参观博物馆和开放的豪华古宅，我感谢妻子黛安和儿子马修的理解。不过，黛安对此书的出版确实功不可没：当我和马修在书店里赞叹陈列在架上的通识类书箱时，是黛安脱口而出：你也可以写一本这样的书！于是，就有了本书的面世。

斯坦·恩格曼和彼得·泰明都是伟大的学者，他们的著作启发了我，也教会了我很多。在我的职业生涯中，他们给了我许多建议、鼓励、友谊和支持，对此我非常感激。我很高兴能把这本书献给他们。

图1　老彼得·勃鲁盖尔所绘的《尼德兰箴言》详图

第一章

# 历史与现在

这里有个问题：我们为什么不生活在勃鲁盖尔的画里？彼得·勃鲁盖尔曾在画中描绘了16世纪佛兰德斯小镇和村庄的日常生活（参见图1）。农民们驾驭着马，拉着犁和车。城镇居民在小商店里用手工工具织布、杀猪和烤面包。事实上，粮食在当时十分受重视，在经济中占了很大比重。

许多教堂极受瞩目。

娱乐活动围绕着乡村的庆典开展。

当然，今天的一切都不同了。手工工具成了业余爱好者的专利。

生产是在大型工厂用机械和机器人进行的。我们的住宅是用电和燃气来供暖的：木柴只会出现在壁炉里，木炭也只会用在烧烤上。我们开车，驾驶飞机，用手机打电话。我们住在大城市里。农民只占人口的很小比例。乡村是散步的地方，在那里我们与自然“重新建立联系”。

从那时到现在已过了几个世纪的时间。工业革命是这一过程中的一个决定性转折点，而它就发生在从勃鲁盖尔时代到今天的中间点上。

“工业革命”指的是18世纪中期到19世纪中期英国社会发生的影响深远的变革。这场革命具有“化身博士”的两面性（一面是杰基尔博士，一面是海德先生）。积极的一面是，随着工厂取代了手工方法，制造技术发生了革命性的变化。纺纱和织布机器的发明，蒸汽机通过改良从而成为应用广泛的动力源，在炼铁过程中以煤代替木炭，以及第一条铁路的建成，这些都促进了生产率的飞跃。价格低廉的煤炭取代了代价高昂的可再生能源，如木材、水和风能。不断寻求改进生产方法已成为正常的商业惯例。随着人们从农业转向工业和商业，城市也在发展。自18世纪中期以来，生产率和国民经济产出总量的增长为西方带来了令人羡慕的繁荣。这是杰基尔博士仁慈的脸。

工业革命也有黑暗的一面，它在带来进步的同时也带来了贫穷。这是海德先生那张恶毒的脸。技术变革使许多人失业。在新工厂里，每天工作十二个小时是很正常的，而且报酬很低。在不断扩张的城市中，工人们的住房往往很脏，缺乏有效的卫生设施和安全的饮用水。城市受到了污染。教育资源的供应有限。一些浪漫主义者反对新工业秩序，许多作家在“社会问题小说”中探索其矛盾。工人们组织工会（尽管是非法的）和抗议活动以改善他们的生存条件，而社会主义者则构划着一种更好的世界秩序。外国观察家对此感到震惊——他们希望英国的进步不要与贫困相伴。为什么劳动人口需要这么长时间才有可能改善生活？

工业革命的这些矛盾是其活力所固有的。“工业革命”一词本身就具有误导性，因为它暗示了一种与先前时代的显著分界，而这正是托因比在他的《18世纪英国工业革命讲座》（1884）中推广这个词时的本意；不过，现在历史学家认识到，工业革命其实是两个世纪经济发展的顶点。1492年哥伦布航海到加勒比海之后，欧洲人殖民了美洲，大西洋经济蓬勃发展。英国在这方面尤其成功，并在未来的美国东海岸和加勒比地区建立了殖民地。大西洋经济体对英国商品来说是一个巨大的市场，手工业部门因此得到发展壮大，其在工业革命前夕的雇佣人数达到了工人总数的三分之一。这一领域就业人数的大幅增加带来了一场农业革命，以养活制造业人口；带来了一场能源革命，煤炭被用来为发展壮大中的城市供暖；使得英国的工资水平因而超过了大多数其他国家。高工资和廉价能源让发明技术变得有利可图——这些技术增加了对与劳动力有关的资本和能源的利用，即使用了提高生产率的动力驱动机器。这些技术在法国、埃及或印度都无利可图，所以这些技术得以在英国而非其他地方发明。这就是工业革命发生在英国的原因。

然而，工业革命时期的经济并不稳定。随着机器的发明，它们在竞争中击败了手工业部门。手工业部门的规模大、工资高，这就使得节省劳力的机器一开始就有利可图。机器的使用导致手工业行业一个接一个地出现大规模技术性失业。因此，手工业在17世纪和18世纪的发展也埋下了自我毁灭的种子。资本主义在生产体系的立新与破旧方面有着同样的天赋。熊彼特将这一过程描述为“持续不断的创造性破坏风暴”。工业革命的狂风在带来进步的同时也带来了贫困。

工业革命中有大赢家也有大输家，他们的抱负和困境普遍影响了社会和政治生活。大部分农业用地为大约一万五千个家庭所拥有，在整个工业革命期间，这个群体的成员控制了议会，并占据了大部分高级政治职位。

当土地所有者声称自己按照国家利益行事时，他们往往以牺牲其他集团的利益为代价来推进自己的利益——一个著名的例子是1815年的《谷物法》，该法案旨在通过阻挠进口廉价谷物来维持英国小麦的高价格。为了扩大特权范围并增加城市在议会中的代表性而进行的大规模动员促成了1832年的《改革法案》，该法案赋予了许多中产阶级投票权，但这个国家的工人们却没得到投票权。19世纪30年代和40年代的“宪章运动”寻求男性普选权，但这些请愿总是被拒绝。只要工资水平停滞不前，贫困仍是不满的根源，上层阶级就会把民主视为对他们的财产和权力的威胁。直到19世纪中期，机器生产才最终清算了手工业。在那之后，工资开始上涨，因为高生产率工作岗位的创造速度要快于低生产率工作岗位的消失速度。工业革命结束了，1867年，工人阶级的上层终于获得了选举权。

## 具有增强效果的各种变革

工业革命促进经济持续增长的一个原因，就是它涉及了一系列相互加强的变革。事实上，其中一些变革发端于工业革命之前，因此，工业革命既是经济变革的结果，也是经济变革的原因。

技术变革是推动经济增长的发动机，而技术革命是工业革命的核心。一个学生曾写了句名言："大约在18世纪60年代，一波小发明浪潮席卷了英格兰。"最著名的小发明来自钢铁、棉花和动力输出行业。亚伯拉罕·达比在1709年成功地用焦炭取代传统燃料木炭熔炼生铁，引发了炼铁工业的变革。18世纪40年代亨茨曼的坩埚炼钢法改革了钢铁生产；亨利·考特在18世纪80年代用同样方法对熟铁进行了炼制和轧制。在詹姆斯·哈格里夫斯于18世纪60年代发明珍妮纺纱机之前，棉花的纺制一直是用轮子、卷线杆和纺锤手工进行的。理查德·阿克莱特在18世纪70年代发明了水力纺纱机；塞缪尔·克朗普顿在十年后发明了骡机。

工厂化纺纱实现后，埃德蒙·卡特莱特于1785年左右发明了动力纺织技术，并花了几十年时间来完善这种技术。最后，随着托马斯·纽科门在18世纪初期发明了蒸汽机，以及詹姆斯·瓦特在18世纪60年代对蒸汽机进行了改进，动力技术从传统或有机来源（如木材和木炭、风、水和动物）转向了煤炭。在接下来的一个半世纪里，这些技术得到了进一步的完善，随着19世纪30年代铁路和蒸汽船的发明，这些技术的突破延伸到了其他领域，比如交通运输。到了19世纪中期，机械化在英国工业的大多数领域内普及开来。生产方式和运输方式的持续变革是工业革命最伟大的遗产。

一场人口革命伴随着技术变革而来。英国的人口在1650年至1750年间保持在650万左右，之后开始增长，在1800年达到

1 050万；1850年达到2 080万；1900年达到3 700万；1950年达到5 000万。自那时以后，人口自然增长率一直很低。人口增长与工业化、收入、城镇化和教育等经济变量之间的关系，自马尔萨斯开创性论文《人口论》（1798）以来，一直是研究和辩论的主题。

还有一场城镇革命开始于工业革命之前。1500年，人口规模5 000人以上的城镇，其居民只占到英国总人口的7%。到1750年，这一比例上升到23%，并且随着人口的增长而持续增长，在1850年达到50%，1910年为75%。伦敦从一开始的小城镇，成长为欧洲最大的城市。首都伦敦的人口数量从1500年的5万增加到1600年的20万，1700年达到50万，最后，在1800年达到了100万。

为了养活快速发展的城市，还需要一场农业革命。这场革命始于17世纪，粮食产量得到提高，牛和羊能提供更多的奶和羊毛，动物被饲养得更肥。这些进步得益于更好的选种、改良的土壤整备（部分是由于更好的设备）、选择性育种和新的轮作方式（包括种植像芜菁和车轴草这样的饲料作物）。与此同时，随着农业生产方式的改善，公共田地和牧场被圈起来，小型家庭农场被合并为利用雇佣劳动力经营的大型“资本”农场。长期以来，人们一直认为圈地和大型农场是农作实践的改善和生产率提高的原因所在，但这种说法一再受到质疑。工业革命期间，农业产量持续增长，但英国越来越依赖进口食品，因为不断增长的需求超过了国内供给。

进口增加突显了英国转型的另一个特征——商业革命。进出口相对于国民收入变得越来越重要。这种发展也是很早就开始了——始于16世纪末。在17世纪，英国出口了越来越多的毛纺织品、铁制品和其他制成品，同时进口了越来越多的香料、糖、烟草和热带产品。

工业革命开始后，制成品的出口飙升；与此同时，英国进口纺纱用的原棉以及粮食——用于养活不断发展壮大的劳动力大军。

交通运输革命支撑了贸易的增长。在17和18世纪，更好的帆船降低了海洋运费率。在18世纪，随着运河系统的建立和道路的改善，内陆航运成本下降了。由于车辆行驶速度加快，旅行时间缩短了。1830年以后，铁路进一步降低了陆路运输的成本，蒸汽船最终也降低了海上运输的成本。一种世界经济产生了，全球化推动了英国的工业化，与此同时却使得第三世界偏离了工业化。

经济增长需要进行城市建设、工厂建设和交通设施建设，而商业发展的需要扩大了贸易信贷的规模。这些需求都通过金融革命得到了满足。在17世纪晚期，法律的变革催生出现代抵押，土地因而可以作为抵押品来筹集长期贷款。英国的农业地产被抵押，所得收益用于城市建设。17世纪90年代，随着英格兰银行的建立和国债的再融资，公共财政秩序得以重整。为国际贸易提供资金支持的私人银行在伦敦发展了起来。工业革命时期的制造企业都是以小型合伙企业的形式起步的，它们的工厂都由业主出资建造。由于企业的寿命比所有者更长，于是，19世纪中期，制造业中引入了公司的组织形式。

## 宏观状况

这些环环相扣的革命带来的结果就是国内生产总值（GDP）的长期增长（国内生产总值=总产出=英国的总收入）。在过去的半个世纪里，经济学家和历史学家齐心协力，对这种增长以及与之相关的生产要素（土地、劳动力和资本）的增长进行了衡量。图2显示了从1770年到1910年单个工人的实际GDP。在1770年至1850年间，人均产出翻了一番，GDP以每年略低于2%的速度增长。与近年来某些地区GDP年增长10%的增长奇迹相比，这不算多，但推进世界技术前沿发展的主要经济体的发展速度总是要慢于后发展国家——他们可以复制发达经济体所采用的高生产率技术。对于第一个工业化国家来说，这种差异尤为明显。

对GDP数据的分析表明，在工业革命期间，单个工人GDP增长的原因之一是资本积累：相比于开始时，英国工人在工业革命结束时有更多的机器可以使用。然而，资本积累对劳动生产率增长的贡献很小。经济增长的最大来源是技术进步，也就是说，19世纪中叶的机器和生产组织形式比一个世纪前更有效率。

这是为什么呢？一种方法是将总生产率的增长分配给经济体的各个行业和部门。工业革命是各方面的统一进步，还是仅限于几个经过变革的行业？考虑到数据质量不佳，这是一种不确定的做法，不过，这种进步的推进程度看起来远非一致。在1780年

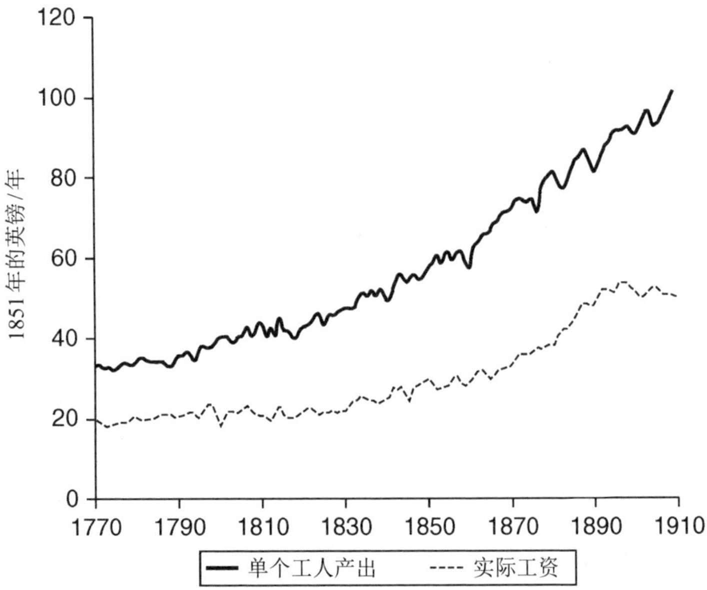


图2 单个工人GDP与实际平均工资

至1860年间，经过“革命”的工业（主要是纺织业）对生产率的提高贡献了31%；运输改善（运河运输和海运）贡献了18%；农业的贡献比例为29%（或许令人惊讶，因为这可是一场工业革命）。经济领域内其他方面的贡献率只有15%。许多行业没有实现生产率的提高，包括面粉、面包、啤酒、运输船、煤炭开采以及像板条和壁板这样的木材制品。其他行业，比如制作铁器、鞋子、袜子、纸、玻璃、铁钉等，以及蒸汽和水力动力都取得了实质性的生产率增长。

在描述工业革命的记录中，蜡烛制作通常没有受到任何关注，但事实上，这一行业也发生了变革。蜡烛的生产率在拿破仑战争之前一直是停滞的，然后在一代人的时间里翻了一番，以每年2%的速度增长，这甚至比棉纺织行业的生产率增长还要快。19世纪40年代的生产工艺与之前几个世纪的手工工艺有很大不同。蜡烛是在模具中生产的，模具排列在巨大的齿条上，由一个操作员控制。甚至连浸蜡烛的制作过程也高度机械化，因此单个工人可以生产大量的蜡烛。就像棉线生产一样，生产的机械化提高了蜡烛制作的生产率。

## 赢家和输家

工业革命使英国的人均收入在1770年至1870年间翻了一番。然而，并不是每个人都分享了这一进步带来的红利。工人阶级所代表的一方与另一方的中、上层阶级之间存在着巨大的分歧对立。图2突出显示了这种分歧对立，它标示出单个工人的实际平均工资和实际产出。后者在工业革命的一个世纪里翻了一番，而前者仅增长了50%。此外，实际工资的增长发生在这一时期的末期。从1770年到1830年，实际平均工资没有明显增长，19世纪30年代仅增长了5%。直到大约1840年之后，普通工人才开始参与（分享）工业革命的进步（带来的红利）。

此外，当我们在第四章更仔细地研究这个问题时，我们会发现，实际平均工资所掩盖的真相与其所揭示的一样多。一些工人的实际收入增加了，而另一些人，尤其是那些从事手工业的个人——他们构成了18世纪繁荣的基础，由于面临来自机械化生产的竞争，收入下降了。贫穷与繁荣相伴。

## 对工业革命的解释

为什么工业革命发生在英国而不是法国、荷兰、印度或中国？有许多长期存在的说法强调起一定作用的各种背景因素。

一种有影响力的理论将工业革命归因于资本主义的兴起。卡尔·马克思强调这种解释，根据他的观点，资本主义是唯一一种能够通过各种激励措施促成经济增长的经济制度。在以往的经济制度中，收入再分配而非创造新的收入，是人们提高生活水平最可靠的方法。马克思认为，资本主义是一个有许多竞争企业的体系。每家公司都必须提高生产率，否则就会被那些愿意提高生产率的竞争对手挤出市场。其结果就造成快速的资本积累和技术变革。因此，解释发展的秘诀，就是解释资本主义崛起的理由。马克思认为其中有两个重要的渠道。第一个是乡村社会的重组，这使得封建领主和在野外耕作的自耕农被无地劳动者和大规模的“资本”农场所取代。虽然乡村社会确实以这种方式发展，但事实证明，资本主义农业生产的生产率并不比它所取代的农民经济高多少。另一方面，“将生产者与生产手段相剥离的历史进程”，即剥夺农民的土地、工具和牲畜，这样他们就不得不为了生存而变成雇工，可能也提高了他们从事工艺品生产和迁移到城市找工作的意愿。

马克思以及许多其他思想家在这一点上观点都相同，即强调全球化对英国经济革命的重要性。在15世纪末哥伦布和达·伽马的航海发现后，大陆间的海上贸易逐渐增多。随后出现的便是永久定居点和殖民地。

欧洲的海外扩张是在各国争夺霸权的过程中完成的，每个国家都利用帝国主义和贸易政策，以牺牲竞争对手（以及当地居民）的利益为代价，增加自己的财富。各国通过排斥外国人的各种“重商主义”政策，确保为本国国民尽可能多地获得殖民地贸易。当关税失效时，战争就成为可以接受的选项。在这个世界上，一个国家只有通过侵略性的帝国主义才能获得成功，而英国被证明是欧洲发展提升最快的帝国之一。

奴隶制是全球经济的一个核心特征。在加勒比地区和北美，糖、烟草和棉花都产自由奴隶耕作的种植园。这些贸易规模很大，利润丰厚；因此，1800年之后，英国从美国进口的原棉是工业革命的重要原料。许多人认为，奴隶制是工业革命的基础，尤其是奴隶制的利润为英国的资本积累提供了资金。但是，尽管存在个案之间的联系，但从奴隶制中获得的利润总额不足以解释工业革命期间投资的增长。

自亚当·斯密以来的许多思想家，把英国的政治和法律制度看作解释工业革命的钥匙。1066年“诺曼征服”后，英国拥有欧洲最集权的封建制度。贵族在议会和战场上都有相当大的权力，例如，他们迫使约翰王在1215年批准了《大宪章》。17世纪，国王和议会之间的矛盾导致了“英国内战”，1649年查理一世被处死，奥利弗·克伦威尔成立共和国，1660年查理二世复辟。

1688年的“光荣革命”最终确保了议会至高无上的地位，詹姆斯二世逃离英国，议会为威廉和玛丽加冕。议会的胜利被视作遏制了国王的肆意用权，保障了人们拥有私有财产的权利，限制税收，从而为投资创造了有利的环境。工业革命是其必然的结果。

18世纪的英国议会由大地主控制，它通过了许多法案，为改善道路、建设运河和重组农业做了准备。新的基础设施或许促进了经济发展。

然而，税收不是低收而是高取，税收收入被用来资助陆军和皇家海军建设，以保护英国的殖民帝国。帝国对工业革命做出了贡献，但并不是像1688年狂热分子所主张的那样加强了法律体系。其中一个原因就是，英国在1688年之前就已经形成了一个有效的法律体系，而且它巩固了16世纪和17世纪经济大扩张的基础。

一些社会科学家认为，经济增长的原因是一种强调纪律和努力工作的理性主义文化的传播。马克斯·韦伯将其与新教和宗教改革联系在一起。许多英国人是清教徒加尔文主义者，韦伯认为这是新教伦理的典型，而且苏格兰长老会的加尔文主义色彩更加浓重。不过，英国的清教主义在“英国内战”中遭到了质疑，因为下层的激进分子和民主人士声称他们的要求来自神的启示。18世纪，上层阶级的宗教立场转向自然神论。这种观点认为，上帝是一位退休的工程师，他根据牛顿定律使宇宙运转，但后来从未干预世界——去创造奇迹或宣扬民主主义。

当然，17世纪的科学革命是自然神论的第二个来源。科学发现确实为18世纪的一些技术，特别是蒸汽机的发明提供了支撑，并可能通过科学方法的普及更广泛地促进技术进步。事实上，上层社会对科学技术抱有很大热情。英王乔治三世接受了特殊的科学教育，并为他的实验室收集了数量惊人的仪器。他的很多臣民都参加了在咖啡馆举行的讲座和演示。这一活动可能让英国人更认同技术进步。

然而，对于科学世界观的信奉是否扩展到了社会的底层，尚未明确。例如，对巫术的信仰就很普遍。1682年，首席大法官诺斯爵士的兄弟回忆说，“一个可怜的老坏蛋很少会因施行巫术而受到审判”，

> 但是，在她的身后，会有一种普遍的愤怒，几乎是要把她处死；而如果一个法官……宣称自己反对不虔诚的、庸俗化的观点，即魔鬼本身有力量折磨和杀害无辜的孩子，或者他喜欢拿好人的奶酪、黄油、猪和鹅，以及无知愚蠢的底层民众的类似错误来消遣……

那么，村民们就会哭号称，“这个法官没有宗教信仰，因为他不相信女巫”。对科学的热情就像漂浮在迷信之湖上的一层薄雾。

## 触发性事件

尽管这些背景因素给那些支持技术创新和商业投资的制度、实践和文化提供了支持，但它们本身不足以解释工业革命。世界

上的其他地方也同样受到神的祝福，但工业革命并未出现在那些地区。而特定的触发因素出现在了英国，这意味着工业革命将在那里发生。我们将在第二章和第三章探讨这些问题。

第二章

# 前工业革命时期：1500—1700

威特尼是牛津西北十五英里处的一个小集镇。这里距离逐步展开工业革命的英国北部很远，却经历了许多相同的变化。在研究国家和国际模式之前，我们先看看在威特尼发生了什么。它阐明了前工业革命和工业革命时期的许多主题。

威特尼布料行业在中世纪期间发展起来的基础是：科茨沃尔德的羊毛、用于漂洗和染色的温德拉什河的河水，以及15世纪修建的通往伦敦的“新桥”和阿宾顿大桥所构成的良好道路连接。17世纪初，威特尼开始专门生产毛毯，并因此而闻名。这个市场是国际性的。质量最好的毛毯会出口到西班牙和葡萄牙。人们将毛毯用马车运到伦敦，在那里装船运往海外。

质量较差的毛毯则流向了北美。在18世纪，哈德逊湾公司购买了许多毛毯，并运往加拿大，在那里与当地印第安人交换海狸皮毛。哈德逊湾公司一直到19世纪都是威特尼毛毯的主要买家。全球化渗透并改变了牛津郡的农村地区（参见图3）。

在18世纪，该行业按照前工业化的方式进行管理。织工师傅的数量有六十人至八十人，平均每人有三台织机。一台用于他们自己干活，另两台则由其他家庭成员、学徒和按工资雇来的熟练

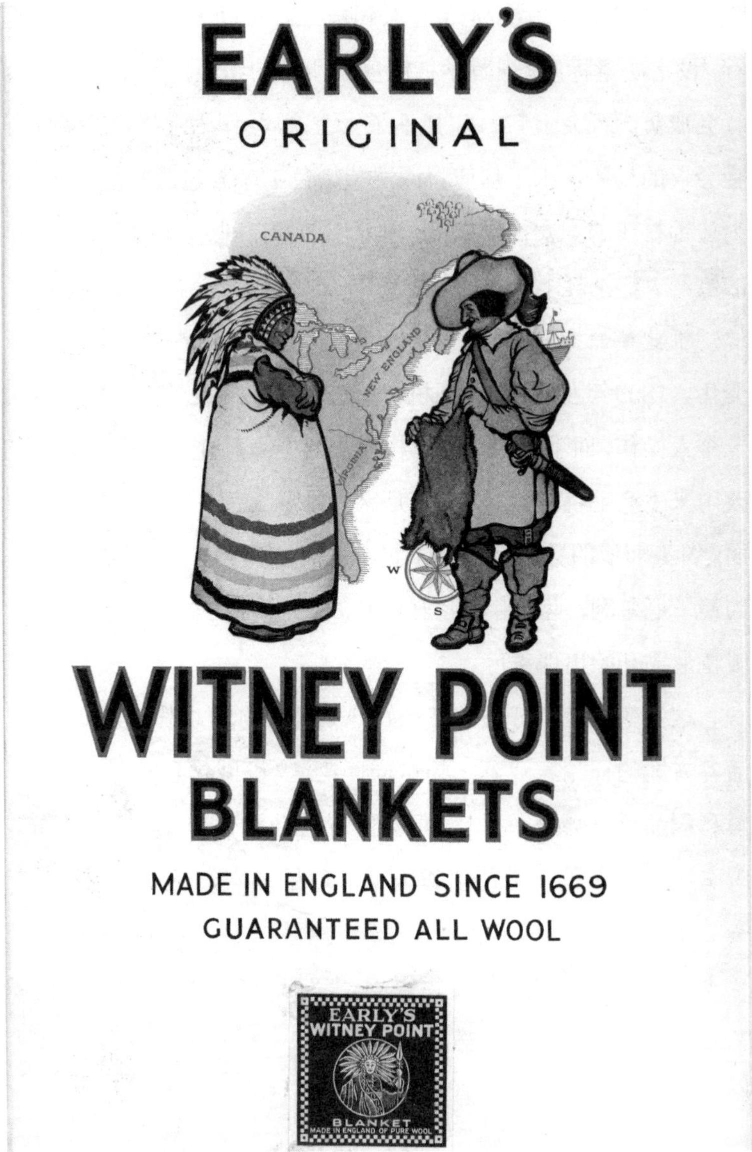
EARLY'S
ORIGINAL
CANADA
NEW ENGLAND
VIRGINIA
W
S
WITNEY POINT
BLANKETS
MADE IN ENGLAND SINCE 1669
GUARANTEED ALL WOOL
EARLY'S
WITNEY POINT
BLANKET
MADE IN ENGLAND OF PURE WOOL

图3　厄尔利点毯

工操作。1712年，威特尼毛毯公司成立。它以传统行会的方式运行，设定质量标准，规范学徒制度。所有的织工师傅都必须成为行会成员。行会于1721年建造了一个大厅，作为毛毯检查点和行会会议的场所。织工师傅将漂洗和染色工序分包给其他工匠，并为边远村庄的妇女提供原毛，由她们进行梳理并用来纺纱。每年的生产大约消耗七千包的羊毛。

工业革命期间，技术发生了变化，劳动的组织方式也发生了变化。1800年左右，弹簧织机被引进。这种带梭子的织机可以由一个人操作，而不是像以前那样要求两个人操作。珍妮纺纱机被改用来生产毛毯的粗羊毛，于是家庭纺纱工都失业了。在组织方面，织工师傅的数量下降到不足十几个。1838年，最大的雇主是约翰·厄尔利，他雇用了七十名织布工，还拥有纺纱和漂洗机械。威特尼已开始出现工厂。

这些变化没给劳动力带来好处。著名的农业改良家、经济生活各方面的评论家亚瑟·杨这样评论道，机械化意味着“织工师傅和织品可能会繁荣发达，但不能说劳动力也会如此”。受雇的织工数量减少了一半。“引进机械的后果带来了……一种压低工资的权力，以剥夺穷人在整个王国的繁荣中所占的任何份额，或至少让他们占有的份额变得很小。”在整个工业革命期间，纺织工人的工资名义上是一样的（每周11先令），但1830年的购买力比1770年低得多，因为消费价格高出了50%。大部分农村地区都受到了影响，因为工厂化纺纱意味着妇女失业。威廉·科贝特写道：

> 这个地方（格洛斯特郡惠廷顿）的衰败和苦难的一部分，也许相当大的一部分，是由于机械……在毛毯生产过程中的使用，威特尼镇……是这种织物的生产中心，羊毛过去由这个镇送到科茨沃尔德所有村庄，然后运回纱线或经纱……这些工作现在都没有了，所以妇女和女孩成了“多余的”。

就业和实际工资的下降确实意味着在威特尼织毛毯是有利可图的，而且在之后两个多世纪的时间里，该行业一直是这个城市的经济基础。技术继续取得进步。第一台用于纺纱的蒸汽机制造于1851年；当铁路在1861年建成后，蒸汽机成为通用动力。动力织机用于棉纺之后一代人的时间内，于1858年被应用于毛毯的制作。第二次世界大战之后，对新技术的投资是巨大的，但这不足以维持这一行业的发展。约翰·厄尔利的后继公司最终倒闭，2002年，最后一条毛毯在威特尼织成。18世纪的织工小屋和毛毯大厅现在构成了威特尼保护区，是非常受欢迎的住宅。

## 北欧的崛起

17世纪、18世纪威特尼毛毯行业的发展，是制造业从地中海向欧洲西北部转移的大趋势的一个缩影。中世纪末期的1500年，意大利和西班牙是欧洲城市化程度最高的国家和制造业强国。北欧唯一相对发达的地区是低地国家（今天的比利时和荷兰）。除此之外，欧洲大陆主要由田园乡村和耕作农业构成。这些经济结构上的差异在方框1中已得到了说明，方框1将人口划分为城市人口、农耕人口和农村非农耕人口三个部分。

1500年，农业人口占英国和其他欧洲大陆国家总人口的四分之三。（这与20世纪初在印度和中国等欠发达国家观察到的比例相同。）在意大利、西班牙和低地国家，农业人口所占比例较低。后者相应地拥有更多的城市人口，这一点很重要，因为大多数制造业的生产活动都是在城市里进行的。1500年，所有欧洲国家的农村非农耕人口占人口的比例（14%至19%）大致相同，这些人包括乡村住宅的仆人、牧师、运输工人和满足当地需求的乡村工匠。

**方框1：全球化如何改变前工业化的欧洲？**

根据人们的居住地点和从事的工作把人口分为三类，我们可以看到欧洲国家的经济在1500年到1750年之间是如何进行变革的。这些类别包括"城市人口"（居住在五千人以上居民点的人）、"农耕人口"（居住在城市居民点之外并耕种土地的人）和"农村非农耕人口"（居住在城市居民点之外并从事农耕以外工作的人）。最后一类人包括村里的牧师、僧侣、仆人、车夫、矿工、纺纱工、织布工和其他工匠。下表显示了按照现代边界划分的欧洲主要国家的人口分类情况。每个国家每年这几类人口百分比加起来是100%。变化最大的国家是西北欧的商业大国。

| | 1500 | | | 1750 | | |
|---|---|---|---|---|---|---|
| | 城市人口 | 农村非农耕人口 | 农耕人口 | 城市人口 | 农村非农耕人口 | 农耕人口 |
| **变化最大的（%）** | | | | | | |
| 英国 | 8 | 18 | 74 | 23 | 32 | 45 |
| 荷兰 | 30 | 14 | 56 | 36 | 22 | 42 |
| 比利时 | 28 | 14 | 58 | 22 | 27 | 51 |
| **略有发展的（%）** | | | | | | |
| 德国 | 9 | 18 | 73 | 9 | 27 | 64 |
| 法国 | 9 | 18 | 73 | 13 | 26 | 61 |
| 奥地利/匈牙利 | 5 | 19 | 76 | 7 | 32 | 61 |
| 波兰 | 6 | 19 | 75 | 4 | 36 | 60 |
| **几乎没有变化的（%）** | | | | | | |
| 意大利 | 22 | 16 | 62 | 22 | 19 | 59 |
| 西班牙 | 19 | 16 | 65 | 21 | 17 | 62 |

资料来源：罗伯特·C.艾伦，“1300—1800年欧洲经济结构和农业生产率”，《欧洲经济史评论》，2000年，第3卷，第8—9页。

工业革命前夕，欧洲手工业的中心已经转移到北海。英国经济的转变最为明显。农业人口所占比例已降至45%，而城市人口所占比例跃升至23%，农村非农耕人口所占比例跃升至32%，为欧洲最高。城市所占份额的增长部分是由于制造业的扩张（例如，伦敦的家具制造和图书出版；在伯明翰进行的金属加工等），但更多的是由于商业和航运的发展。制造业的发展在农村非农耕人口比例的增加上体现得最为明显。在17世纪，羊毛和亚麻行业像其他许多行业一样在农村扩张。威特尼模式被广泛使用：商人们签约让男人和女人在家里纺纱、织布和织长袜。商人把原料送到工人那里，收集成品，再付给纺纱工和织布工报酬。这些农村企业在地理上很集中，他们的产品销往整个欧洲，甚至全世界。英国是这场所谓的“原始工业”革命的领导者。

荷兰人和比利时人也紧随其后。事实上，到17世纪末，荷兰经济即使不是转型最彻底的，也是最现代化的。荷兰的城市化程度最高，农业人口所占比例最低。早期现代政治经济体的一个大问题是如何赶上荷兰人。英国人通过工业革命做到了这一点。

欧洲其他国家的变化程度要小得多。在欧洲大陆的大国中，农耕人口占劳动力的比例略有下降，而农村制造业则相应增加了，但城市规模仍然很小。这些国家不是经济领导者。

西班牙和意大利经济体在所有国家中变化最小。这种停滞在某种程度上具有欺骗性，因为西班牙城市人口比例的稳定包含着马德里城市人口的巨大增长和老制造业城市的崩溃。尽管如此，意大利和西班牙在欧洲经济表现上却从第一位下滑到了末位。

## 在全球经济中取得成功

为什么英国和低地国家的经济发生了如此巨大的转变？第一章所强调的背景因素功不可没，但这些因素还不足以解释这种变化。事实上，这些“背景因素”中有许多可以说是西北欧扩张的结果，因此因果关系不明。如果这些背景因素起作用的话，它们的作用是通过改善“投资环境”、提升劳动力流动性或改善商人的态度，抑或通过降低发展成果被人口扩张吞没的概率，来加强经济对激励措施的反应能力。通过分析经济诱因本身的演变，我们可以更深入地了解工业革命在英国发生的原因。

正是国际经济的发展与欧洲各国政府的帝国政策和军事政策，创造了触发工业革命的特殊诱因。在中世纪，胡椒、肉桂、肉豆蔻和其他香料从印度和东南亚经由中东出口到欧洲。在15世纪，横帆船的发明使欧洲人得以绕过非洲航行到亚洲。1498年，瓦斯科·达·伽马到达印度，他的成功促成葡萄牙在亚洲和巴西建立了帝国。然而，成功是短暂的，因为许多亚洲殖民地在16世纪被荷兰人占领。在瓦斯科·达·伽马航海的前几年，克里斯托弗·哥伦布说服西班牙国王斐迪南和王后伊莎贝拉资助他尝试向西横渡大西洋到达亚洲，于是他在1492年到达巴哈马群岛。“发现”美洲（之前几个世纪以来，欧洲渔民经常去加拿大纽芬兰大岸滩）带来了一场对殖民地的争夺，西班牙似乎是早期的赢家，因为征服墨西哥和秘鲁给它带来了大量的白银。然而，这种财富经证明对经济发展是不利的，因为它导致了通货膨胀，使西班牙的农业和制造业失去了竞争力。到了17世纪，英国、法国和其他强国占领了加勒比地区的殖民地，那里的财富来自非洲奴隶耕种的甘蔗种植园。英国人还沿着北美东海岸建立了一系列殖民地（参见图4）。

1757年，孟加拉被英属东印度公司征服。荷兰人和法国人还在印度、加勒比地区和北美建立了殖民地，但他们被英国人打败了，英国人从他们那夺走了许多殖民地。英国人和法国人遵循“重商主义”的经济政策，利用关税和其他贸易限制来保护自己的殖民地市场。随着大英帝国的扩张，英国制成品的市场也在扩张，这导致了农村制造业的巨大扩张和城市就业的大提升，如方

图4　1730年左右的波士顿市东南景观

框1所示。正如我们前面所看到的那样，威特尼镇是靠向加拿大出口毛毯发展起来的。

## 一些连锁效应

英国在世界经济中的成功，不仅仅体现在城市和农村制造业的发展上，还包括农业革命、煤炭革命、高工资经济以及识字率的提高。

在17世纪和18世纪初期——正好在工业革命之前，英国发生了农业革命：每英亩收获了更多蒲式耳的谷物；奶牛产出更多的奶；还有绵羊，生产了更多的羊毛和羊肉。每个工人的生产量也增加了。这是农业人口比例下降的另一方面原因。在1500年，每个从事农业生产的人除了养活自己外，还养活了三分之一的非农耕人口。到1750年，一个农民除了养活自己外，还可以养活1.2个乡村工业或城市里的人。农业劳动生产率的提高使城市和农村工业的发展成为可能。

然而，其因果关系却正好相反。长期以来，人们一直认为，资本主义农业的兴起导致了产量的提高，并造成农业就业人数的下降，从而使得城市由于大量廉价劳动力和食品的涌入而得到发展。事实上，农业革命的起因始于大英帝国的发展和重商主义政策——排除其他国家与殖民地进行贸易，相反地，（殖民地要）专注与英国进行贸易。贸易的增长促成了城市经济和制造业经济的扩张。随着伦敦和其他城市的发展，对食物和劳动力的需求也在增长。农民的反应是增加产量。由于农村劳动力被吸走了，农场规模扩大，土地被转为牧场，因此农业可以用更少的工人进行耕作。帝国的发展使农业发生了革命性变化。

煤炭革命也是伦敦发展的直接结果。在中世纪末期，英国和欧洲大陆所有主要煤矿的出露层都被挖出了少量的煤炭。然而其产量并没有增加，因为木材的价格仍然相对低廉。1500年，当伦敦人口只有五万的时候，在首都附近可以保证柴火和木炭供给，运输费用也很低。在接下来的两个世纪里，随着城市人口的爆炸式增长，对燃料的需求迅速膨胀，供给的运输距离和成本也大大增加。在16世纪，伦敦的木炭价格上涨，带动了煤炭价格的上涨。

随着木材变得越来越贵，消费者开始试图用煤炭作为替代品。然而，转换并不简单，因为木头是更清洁的燃料。煤中含有硫，必须通过许多工业程序才能去除。硫也使煤不适用于住宅供暖和烹饪——而这可是它的主要应用。转向煤炭需要发明燃烧煤炭的新技术。在住宅供暖方面，必须设计一种全新的房子。中世纪的房子会在主房间的中央建一个用来生火的壁炉。烟会飘到椽子上，然后从屋顶的通风口散出。如果用煤代替木头，即使火烧起来，屋子里也会充满有毒的烟雾。事实上，在敞开不密封的情况下烧煤是很困难的，因为煤必须放在空间密闭又有很强气流的地方才能充分燃烧。

解决方案是建造带有背靠背壁炉的联栋房子，烟囱通到两家共用的界墙上。人们在许多新房子中进行了大量的实验以确定这些系统的设计和尺寸——如何做到让一楼的烟通过烟囱上升排出，而不是通过一楼的壁炉排出呢？在16世纪和17世纪，伦敦的大规模住宅建设促进了这一实验的开展。

17世纪，当这两种燃料在伦敦销售时，煤炭的单位热能价格大约是木柴或木炭的一半。随着伦敦在16世纪的扩张，木材燃料价格上涨。到16世纪80年代，煤的价值已经高到足以在伦敦卖个好价钱，足以支付在诺森伯兰郡开采并运至伦敦的成本。这就是煤炭业开始腾飞的时期。

一旦煤炭工业建立起来，英国北部就有了世界上最便宜的能源。在18世纪初期，伦敦的煤炭价格约为每百万英国热量单位（MBTU）11便士。阿姆斯特丹的泥炭能源价格也差不多，英国的煤炭也在那里出售。其他地方的（煤炭）能源要贵得多。在巴黎要19便士，在北京要20便士。而另一方面，在泰恩河畔的纽卡斯尔和其他北部城市，能源成本仅为每百万英国热量单位1.5便士。于是，工业革命发生在这些城市，而不是伦敦。碰巧，煤矿也靠近铁矿，这种资源的联合促成了现代炼铁工业的产生。蒸汽机的发明是为了排干煤矿的水，而在煤矿场里建造的第一条铁路是为了把煤运出来。英国煤炭资源的早期开发（为英国）奠定了一种基本的技术发展轨道。

## 工资与生活水平

城市、制造业和商业的发展，也对英国劳动力市场产生了深远的影响。图5详细描绘了英国从中世纪到18世纪的实际工资和人口的变化过程。

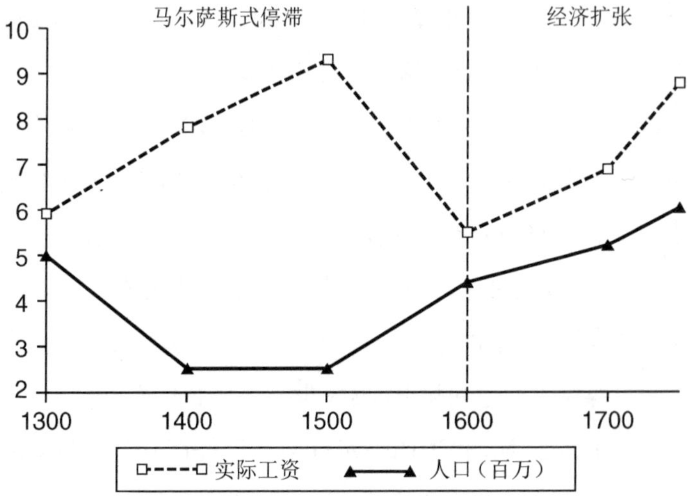


图5　1300年至1750年英格兰的人口和实际工资

这段时期正好分为两个阶段。第一阶段，从1300年到1600年，经济主要是农业。这一时期的特点是马尔萨斯式停滞。当人口像1348年到1349年那样因黑死病而减少时，实际工资却因劳动力短缺而增加。当人口在1500年到1600年间出现反弹时，实际工资下降了，因为劳动力受雇于生产率越来越低的工作。没有出现累积性进步，只有一个勉强维持生计的循环。这种模式是许多前工业化经济体的典型模式。

然而，在1600年之后，这种模式被打破了——因此这一年就是临界点。从1600年到1750年，英国人口稳定增长，实际工资也稳步增长。在这几个世纪里，由于劳动力供给的增长，只有在劳动力需求增长快于人口增长的情况下，工资才能上涨。劳动力需求的增加，是由于城市和制造业的发展，而这又得益于英国商业帝国的发展。英国的前工业化经济发展促成了实际工资的上涨。

1600年之后，英国人的生活水平开始领先于世界其他国家。我们可以通过比较年劳动收入和生活成本来理解这一发展，生活成本是用一篮子消费品的年成本来衡量的。方框2中显示了两个例子。

在这两个篮子中，人均卡路里消耗量（男性、女性和儿童的平均值）设定为每天2 100卡路里。生存篮子代表了典型的穷人。人们的大部分消费都是购买最便宜而易得的谷物——在英国主要是燕麦片——它提供了大部分的卡路里。这种饮食结构中几乎没有肉，更没有酒。非食物支出很少。像这样以面粉或大米作为主食的篮子，其价格相当于世界银行提出的非常有名的每天一美元的贫困标准线。

另一方面，体面生活篮子则是英格兰南部的劳动者所渴望的。白面包取代了燕麦粥，并且有肉和啤酒。体面生活篮子的成本至少是生存篮子的两倍。

一个劳工能买到足够的篮子来养家糊口吗？我们按下述方法来回答这个问题：假设一个家庭由父亲、母亲和两个孩子组成，且假设一个劳动者全年全职工作，将他的收入除以四个篮子的年度花费。这个“生存比率”是我们衡量实际工资的标准。值为1表示一个人的收入仅够维持家庭温饱。数值越高表示越富足，而小于1则表示有生存危机。

在1770年，一个威特尼的织布工挣的钱几乎够买三个生存篮子，而且，他挣的钱也足够把他的生活水平提高到体面的水平。

如果他的妻子做纺纱零活，他们赚的钱几乎要比这个体面生活篮子的所需费用高出50%。（到了19世纪20年代，一切都变了，妻子失去了纺纱的工作，丈夫的收入也骤减。他们仍然有足够的钱买生存篮子，但是体面生活的篮子则超出了他们的经济能力。）

**方框2：我们如何衡量生活水平？**

我们衡量生活水平的方法是，用一个家庭的年收入除以根据我们设定的预算消费水平来维持一个家庭的费用。年收入数据要么来自社会一览表（参见方框5和方框6），要么是根据一个人每年工作250天的日工资率来估算的。确定生活水平的预算已进行了标准化。这里展示了体面生活篮子和基本生存篮子：

| | 篮子 | |
|---|---|---|
| | **体面生活：每人每年消耗的数量** | **最低限度的基本生活：每人每年消耗的数量** |
| 燕麦片、谷物 | | 170公斤 |
| 面包 | 182公斤 | |
| 大豆/豌豆 | 34公斤 | 20公斤 |
| 肉 | 26公斤 | 5公斤 |
| 黄油/油 | 5.2公斤 | 3公斤 |
| 奶酪 | 5.2公斤 | |
| 鸡蛋 | 5.2公斤 | |

续 表

| | 篮子 | |
|---|---|---|
| | 体面生活：每人每年消耗的数量 | 最低限度的基本生活：每人每年消耗的数量 |
| 啤酒 | 182升 | |
| 肥皂 | 2.6公斤 | 1.3公斤 |
| 亚麻布/棉布 | 5米 | 3米 |
| 蜡烛 | 2.6公斤 | 1.3公斤 |
| 灯油 | 2.6升 | 1.3升 |
| 柴油 | 5.0 MBTU | 2.0 MBTU |

“体面篮子”描述的是18世纪英格兰南部生活体面的劳动者的消费模式。“基本生存篮子”定义了一种艰苦的生活标准，即生存所需的最低水平。计算中使用了最便宜而易得的谷物（例如，英国的燕麦和意大利北部的玉米），所以基本生存篮子可以用来比较世界各地的生活水平。在这两个篮子中，卡路里水平都设定为每天2 100卡路里，谷物的数量也会进行调整，以确保这一结果。

这个表格显示了一个人的年消耗量。通常假设一个四口之家消费了四个篮子，在计算家庭的年度生活费用时，考虑到租金，这些篮子的成本增加了5%。在本书中，当我们提到篮子的成本时，我们指的是表中物品的成本加上租金补贴。

一个家庭的年收入与包括房租补贴在内的四个篮子的成本之比，是我们衡量生活水平的标准。它表示一个家庭一年可以消费的篮子的数量。实际上，如果他们有很高的收入，他们会升级消费模式，而不是把所有的钱都花在篮子里的基本商品上。

图6比较了中世纪至工业革命期间欧洲和亚洲主要城市劳动者的实际工资。

黑死病浪潮过后，欧洲各国的实际工资水平大致相同，但随后出现了巨大的差异。伦敦和阿姆斯特丹的工资水平依然很高。

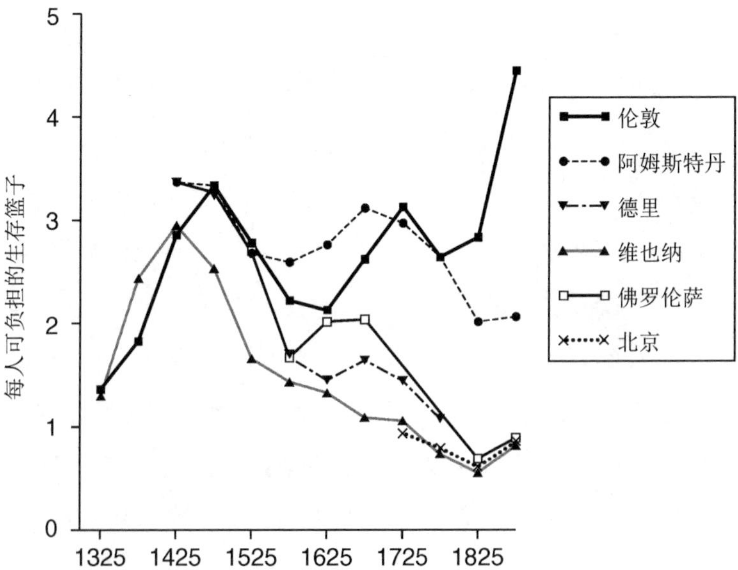


图6　世界各地相对于生存成本的工资

这些城市的工人可以为他们的家庭购买数个生存篮子（尽管他们通常会提高在食品上的支出，包括购买更多的肉类、啤酒等）。相比之下，佛罗伦萨和维也纳的实际工资有所下降。

到了18世纪，那里的工人几乎连生存篮子都买不起。北京和德里的工人收入同样少得可怜。这些城市之间的差异是由国际贸易造成的。伦敦和阿姆斯特丹是飞速发展的港口，工资很高。随着农村移民的拥入，人口迅速增长。对劳动力的需求迅速增长，足以维持高工资水平。相比之下，欧洲大陆和亚洲大部分地区的劳动力需求是停滞的，因此人口增长将工资压低到勉强糊口的水平。在工业革命早期，英国的高工资经济对生活的许多方面都有影响。其中一个方面就是消费。许多全职英国工人的收入是维持生计水平费用的几倍。他们并没有因此好几倍地购买方框2中所示的燕麦片。相反，他们将消费提升到体面篮子里。此外，英国工人购买了更多的制成品，比如盘子、绘画、衣服等。18世纪发生了一场消费革命，而英国的工人正身处其中。

## 健康和识字率

幸福不仅仅建立在消费基础上。联合国人类发展指数综合了收入、健康和教育程度，得到了一个更加平衡的观点。我们同样可以扩大前工业化时期的比较范围。

我们健康的最佳指标之一是成年人的身高。自17世纪以来，男性的平均身高已经从许多欧洲国家的160厘米增长到美国和英国的180厘米和荷兰的184厘米。身高的增加是由于儿童“净营养状况”的改善——毕竟长个子的是儿童。净营养状况等于儿童成长所需的食物摄入量，工作所需的营养或抵御疾病和康复所需的营养则低于净营养状况。在18世纪后期，英国引领了这一身高上升趋势。

根据征兵记录，英国男性的平均身高为172厘米。相比之下，随着实际收入的下降，玉米面取代了意大利人饮食中的小麦面，他们的平均身高也从167厘米降至162厘米。

通过提高劳动力的技能和知识水平，高工资同时还促进了经济发展。在过去，很难持续和全面地衡量学校的就学率，但我们尝试通过研究能够在文件上签名而不是简单地做个记号的人的比例来衡量识字率。方框3概括了这项指标的各种结果。

1500年，整个欧洲的识字率都很低。只有在城市里，许多人才能自己签名。到1800年，世界各地的识字率都有所提高。西北欧的识字率增长幅度最大。大约三分之二的荷兰人，一半的英国和如今比利时区域的人会签名。根据人们陈述年龄的精确度来判断，这些地区在计算识数能力方面也处于领先地位。这种能力的提高可能有两个原因：首先，英国和低地国家是城市化的商业经济体。在那种环境下（不像在农场）能够读写是有回报的，所以这些国家对学校教育的需求很高。其次，学校教育不是由国家免费提供的，必须由私人购买获得。西北欧的工资很高，所以父母有经济能力让孩子接受教育。

**方框3：欧洲人受教育程度如何？**

关于前工业化欧洲的学校教育，没有全面的统计数据，但我们可以通过计算有多少人会在文件上签名而不是做标记，来收集一些有关受教育程度的信息。在城市可以签名的人要比农村人多得多。中世纪末期，识字率非常低，到了1800年，识字率大幅上升。在工业革命时期，男孩通常会在乡村学校接受几年的教育，然后通过当学徒来学习一门手艺。许多女孩也接受了一些教育，但男性的识字率高于女性。以下的平均数字包括了男性和女性：

**能够自己签名的成年人的比例**

| | 1500年 | 1800年 |
|---|---|---|
| 英国 | 6 | 53 |
| 荷兰 | 10 | 68 |
| 比利时 | 10 | 49 |
| 德国 | 6 | 35 |
| 法国 | 7 | 37 |
| 奥地利/匈牙利 | 6 | 21 |
| 波兰 | 6 | 21 |
| 意大利 | 9 | 22 |
| 西班牙 | 9 | 20 |

资料来源：罗伯特·C. 艾伦，《全球视角下的英国工业革命》，2009年，第53页。

第三章

# 为何工业革命发生在英国

工业革命是英国对达·伽马和哥伦布航海开启的第一次全球化所带来的挑战的开拓性回应。

这里存在几点联系：第一，世界贸易的增长给英国带来了新的产品，包括中国的瓷器和印度的棉布。它们的需求量很大，英国公司试图仿造它们。第二，贸易的增长和帝国的扩张为英国产品开辟了新的市场，随之而来的生产和商业扩张带来了异乎寻常的高工资和廉价能源。如何在这样的环境下竞争，是英国工业界需要创造性应对且最为重要的工程挑战。第三，商业扩张和工资上涨改善了劳动力的健康状况和实力，提高了教育和技能的回报，帮助了英国工业应对外国竞争的挑战。其结果是识字率、计算能力和贸易技能的提高，这些都为制造业提供了支撑。

工业革命还从另一个与全球化并无关系的来源中汲取了力量，即17世纪的科学革命。它不仅贡献了新的知识，特别是大气压和真空的发现，还促成了新的态度和实践。人们以“科学”的方式来研究世界，包括对技术的研究，这种方法给发明领域带来了回报。重大突破要归功于“宏观发明家”，他们打破传统思维模式，创造出全新的技术。宏观发明家通常是引领性科学家，或者是影响和启发其学生、同事或朋友的人。通过将启蒙运动的知识和态度广泛传播到英国社会各界的网络，许多人建立起与科学先锋的联系，这就使得英国在技术上更具创造力。成立于1660年的“英国皇家学会”是这个网络的顶点，它还包括一些地方学会，比如伯明翰的月球学会，以及无数进行科学演示的咖啡馆及类似场所。这些交流渠道，以及人们普遍认为技术可以通过观察和理性推断予以推进的观点，被称为“工业启蒙”。当然，这些交流网络的形成以及对这些态度的采纳，可能是对发明收益提高而做出的反应，但对工业革命持有工业启蒙观点的人，把工业革命看作一种文化发展，认为它起源于科学革命以及更广泛的启蒙运动，而非经济学。

## 棉花产业

棉纺业是亚洲进口物资对英国经济产生变革效应的一个典型例子。17世纪，东印度公司开始将印度印花布和平纹细布运往英国，这些织物非常受欢迎，以至于人们试图在国内模仿织造。18世纪初，英国实施了复杂且不断变化的进口限制措施，以保护英国羊毛工业免受印度竞争的影响。这些限制产生了意想不到的后果，创造了一个受到庇护的小环境，英国手工棉纺行业得以开始运作。英国布料被出口到非洲，用来在那里交换奴隶，并与印度印花布进行竞争。然而，在生产过程机械化之前，英国的生产规模一直都很小。

这一过程始于18世纪60年代的纺织和印刷行业，但直到19

世纪40年代动力织机把手摇织机驱赶出场时才完成。到1850年，棉纺业雇用了制造业中六分之一的劳动力，直接贡献了英国GDP的8%。埃里克·霍布斯鲍姆发现了一个重要的事实，他写道："不管谁谈论工业革命，都绕不开棉花这一话题。"

虽然工业启蒙运动出现在制陶作坊和蒸汽动力的发展中，但它对棉纺行业来说是次要的，因为棉纺业的发明者主要是那些与启蒙运动没有任何关系的手工匠。塞缪尔·克朗普顿（1753—1827）是纺纱机的发明者，而他的父亲只是兼职农民和织工。年少时，他就开始学习纺纱和织布技能。他上学时数学很好。这是纺织发明家的典型经历，也证明了普及教育的重要性。从16岁起，他为改进纺纱机默默工作了十年时间。除了纺织品贸易，他的活动主要集中在新耶路撒冷教堂——一个斯威登堡教会，而不是启蒙运动机构。

机器是棉花贸易成功的秘诀。这是英国为应对高工资而开发出来的产物，给英国带来了几十年的竞争优势。该行业的三个主要分支——纺纱、织布和整理加工都实现了机械化。

既然从印度进口的印花布证明棉纺业有市场，手工纺纱也就兴起了。商人将原棉带给妇女，妇女在自己的农舍里用轮子纺纱，换取酬劳（参见图7）。

纺一磅棉花的劳动时间随着纱线细度的增加而增加。英国的工资要比印度高得多，结果导致英国只能在劳动力需求最低的最粗糙的纱线上与印度竞争。为了生产更细的纱线，英国公司需要节省劳动力，而这只能通过发明机器来实现。

图7　内有手摇织机和纺纱机的爱尔兰小屋

许多英国人抓住机会试图通过发明纺纱机来获利。约翰·怀亚特和刘易斯·保罗在18世纪40年代和50年代的滚筒纺纱几乎取得了成功，但他们在伯明翰的工厂最终破产了。詹姆斯·哈格里夫斯在18世纪60年代中期完善了他的珍妮纺纱机，这是第一台成功运转的纺织机。他的灵感来自观看一个旋转的轮子在倾倒后旋转。后来，他设计在一个普通水平轮子上安装一排纺锤，并模仿纺纱工人的手指，用木夹子把一排垂直的纺纱从纺锤上拉下来。1767年，理查德·阿克莱特聘请钟表匠约翰·凯用滚轮制造了一台机器，并花了五年时间完善。哈格里夫斯和阿克莱特还发明了梳理机，梳理棉花以备纺纱之用。阿克莱特在克伦福德建立了一家工厂来安放他的机器（参见图8）。

图8　纺纱厂在纺纱

他在建造第二家棉纺厂时改进了布局，这成了欧洲和美国棉纺厂的原型。十年之后，克朗普顿将哈格里夫斯和阿克莱特的设计元素结合在一起，创造出了骡机（走锭精纺机），成为19世纪英国主要的纺纱机器。当然，纺纱机一旦投入使用，工程师们就会观察并完善它们，通过“边做边学”来改进它们。哈格里夫斯和阿克莱特的机器使英国成为世界上粗纱的低成本生产国，而骡机则使得英国也成为细纱的低成本生产国。

一个备受争议的问题是，为什么这些发明产生于英国，而不是在法国或印度？一种经济学解释将原因指向了工资和机械价格。第一批纺纱机是一种非常昂贵的节省劳动力的方法，因此效果不好。在18世纪后期，法国和印度纺纱工人的工资相对于设备价格要比英国低得多。早期的纺纱机在英国的使用是有利可图的，因为它们节省的劳动力价值相对于机器的成本来说是可观的。在欧洲大陆或印度，它们不值得使用，因为相对于设备成本，其所节省的劳动力价值非常小。早期的纺纱机在英国使用是有利可图的，但在国外则不然，这就是工业革命发生在英国的原因。

历史在纺织业的发展中重演。18世纪80年代，有数百家纺纱厂成立。棉纱价格急剧下降，纺织工业扩大，以加工所有类型的纱线。然而，织布仍然是使用传统手摇织机的家庭手工业。19世纪初，就业人数激增，达到二十五万（占成年男性劳动力的10%）。随着劳动力市场的收紧，纺织工人的工资也大幅上升，18世纪90年代和19世纪前几十年见证了“手摇织机工人的黄金时代”。埃德蒙·卡特莱特牧师是唯一一位与启蒙运动有所联系的棉纺发明家，他来自一个拥有土地的家庭，就读于牛津大学莫德林学院，是英国皇家艺术学会和农业委员会的成员。他认为设计一台织机很简单。他的灵感来自自动装置——模仿人类动作的发条人偶。如果一个机械女人能弹大键琴，她是否也能织印花布？这项任务被证明是极其复杂的。卡特莱特为之耗费了他家族的财产，持续工作了几十年；其他发明家也接受了这个挑战。直到19世纪20年代，动力织机才得到充分改进，足以在效率上挑战手摇织机。

无论是纺纱还是织造，农舍生产模式都孕育着自我毁灭的种子。当成本和需求形势有利时，农舍模式的反应便是就业人数和产量的大幅增长。当就业人数接近现有劳动力的上限时，拥有必要技能的人的收入也就上升了；于是，那些高工资就成了发明家的目标，因为高工资意味着即使设计较差的机器也能获利。

织布并不是布料制造的最后阶段。它需要进行最后的整理加工。

18世纪，人们对印度印花布的热情很大程度上源于其色彩鲜艳的装饰图案。英国人用不同的方法模仿其外观。印度人的布料通常是手工绘制的，而英国人则采用资本更为密集的方式。最初，图案是用木板印刷出来的，结果是“一位聪明设计师的图纸可以被许多技术较差的工人复制，而印度人必须设计并完成自己的工作”。

到了18世纪60年代，铜板已经取代了木板，但木板在欧洲大陆仍很普遍。

人们做了许多尝试，采用圆筒印刷，使这一改进过程继续进行下去。1783年，托马斯·贝尔的设计取得了商业上的成功。

各行各业的发明行为，都是为了应对18世纪英国工人所挣的高工资。在任何可能的地方，英国人都选择了比印度人更加资本密集的方法。在英国，由于工资较高，劳动力成本的节省超过了资本成本的增加。在其他工资较低的国家，情况并非如此。结果，机器技术降低了英国的生产成本，却没有给竞争对手带来同样的优势。最后，到19世纪，英国拥有了世界上最具竞争力的棉纺工业。

英国在世界棉纺产品生产中所占的份额，从1750年微不足道的一小部分上升到1880年的30%。这种扩张在很大程度上是以牺牲非洲、中东和印度生产商（的份额）为代价的。

## 工厂的发明

纺织机械被安放在作坊里，18世纪80年代，各种棉纺厂是英国最常见的工厂类型。工厂是新时代的标志，因为它意味着许多领工资的劳动者在同一个地方工作，而不是个体手艺人在各自的小屋里辛勤劳作。集中的动力源驱动机器，是集中生产的原因之一，但不是唯一的原因。其他因素还包括劳动分工、技能获取、监督和质量控制。制棉行业的发展给工厂（发展）带来了很大的推动力，工厂生产方式也被其他许多行业所采用，因此值得进一步研究。

制帽是一个乏味的行业，尽管如此，它却实现了生产率的高速增长。这是通过工厂生产方式实现的。

19世纪40年代早期伯蒙德塞的克里斯蒂帽厂就是一个很好的例子。这家工厂雇用了一千五百人，是世界上最大的帽子生产工厂。这一机构从两个方面“很好地说明了大型工厂的经济性”。第一个是有效的组织，“一个机构内部集中多个部门，劳动力的分工，由工头对每个部门行使所授予的权力，并由业主对整体进行全面监督”。高生产率的第二个来源是机器的使用。工厂有一台十马力的蒸汽机，通过轴杆和传送带系统驱动蒸汽机周围的机器。一些工作已经机械化，而另一些需要依靠工人的技能手工完成。

羊毛进入工厂时需要清洗——很显然经由手洗。然而，仍要使用一个巨大的螺旋压榨机把水从羊毛中排出。羊毛被晾干，然后用纺织工业中使用的那种机器进行梳理。同样地，皮毛也被洗净，大毛也被剪掉。这些都是手工活。

> 许多妇女坐在凳子上，忙着把粗糙的羊毛从毛皮上拔下来……每个女人都把毛皮放在膝盖或矮板凳上，用拇指抵住小刀，撕下较大的羊毛。

接下来，去除毛皮的皮毛，同样是由妇女来完成的，但现在她们操作动力驱动的切割机器来切割毛发。集中供电的吹风机将细毛从粗毛中分离出来。风扇以每分钟两千转的速度旋转，风把较轻的皮毛吹到比重的皮毛更远的地方，从而实现分离。下一步，将羊毛和毛皮制成毛毡，需要高度熟练技能的劳动力，而不是机器。材料被放在长凳上，

> ……还有那弹弓手，他用左手抓着弓的杆，用右手拉着弦……使弦绳对着羊毛和毛皮快速振动……所有原来的细丝块或结都被完美地分开并舒张，纤维被击打时向上飞扬，工匠巧妙地使它们均匀地落在工作台上，形成一层非常轻而柔软的材料……

以备制毡。“尽管在陌生人看来这个操作很简单，但要熟练掌握它需要多年的练习。”生产过程在熟练技能的手工加工、低技能加工和机器加工之间持续交替进行，直到完成帽子的制作。

伯蒙德塞（制帽）工厂这个例子说明了，把生产细分为一系列任务需要不同程度的技能，这些技能是通过经验获得的，并按不同效率获得报酬。质量由监督员检查，机器安装在资本劳动比高、成本得到降低的地方。我们知道机械化的程度是经过深思熟虑的。在19世纪30年代，美国的工资已经高于英国，美国的帽子制造商发明了一种系统，比克里斯蒂所使用的那种机械化程度更高。尽管亨利·克里斯蒂最迟于1833年就精通了美国的技术，但他的公司直到19世纪60年代才采用成熟的美国系统，正如他解释的那样，部分原因就是美国的资本劳动比要高于英国，因此节省的资金也比英国多。

## 蒸汽动力

在前工业化的世界，动力来自人力和畜力，来自燃烧木柴和木炭等有机燃料，来自风力和流动的水力。现代经济增长需要更有效的能源，而首先得到利用的就是煤炭。最初，在16世纪晚期的伦敦，煤炭被用来取暖。在18世纪，煤的热能通过蒸汽机转化为机械能。从矿井中抽水是这种能量的初次应用。在接下来的一百年里，发动机逐渐得到改进，但在19世纪30年代左右高效高压发动机出现之前，它们对经济的影响很小。这些发动机在电力工业和交通运输中得到了广泛的应用。到19世纪中叶，蒸汽动力的革命性潜力得以实现，为经济增长做出了重大贡献。

蒸汽机的发明和完善与科学革命密切相关，无论是在新知识的应用方面，还是在与科学机构的文化和制度联系方面都有关联。学校的广泛普及和通过学徒制进行技术培训也很重要，因为蒸汽技术的发展需要许多来自普通背景的工匠和工程师的共同努力。

蒸汽机是17世纪科学家知识发现的重要应用。自然科学始于伽利略，他是第一个认为大气有重量的人。这个想法是他在研究矿井排水问题时产生的，他注意到抽水泵抽水高度不超过三十英尺。伽利略让他的秘书埃万杰利斯塔·托里拆利来研究解决这个问题。托里拆利发明了水银气压计，并测量了大气的重量。1672年，马格德堡的冯·格里克用一个垂直圆柱体称量大气，其顶部有一个上升的活塞。活塞上系有一根绳子，它环绕在滑轮上，并与一个冯·格里克放有砝码的平台相连。他发现，通过把空气抽离气缸，大气将活塞向下推，平台上升。他可以通过在平台上放置砝码来抵消上升的影响，并对大气进行称重。1675年，丹尼斯·帕平通过向气缸中注入蒸汽，然后再进行冷凝压缩来消除真空泵的压力。帕平发明了一台原始蒸汽机。

冯·格里克的实验类似于托马斯·纽科门在1712年成功发明的第一台蒸汽机（参见图9）。

纽科门的发动机也采用了立式气缸和活塞。但他并未采用滑轮，相反使用了平衡木，砝码也换成了抽矿井水的水泵。将汽

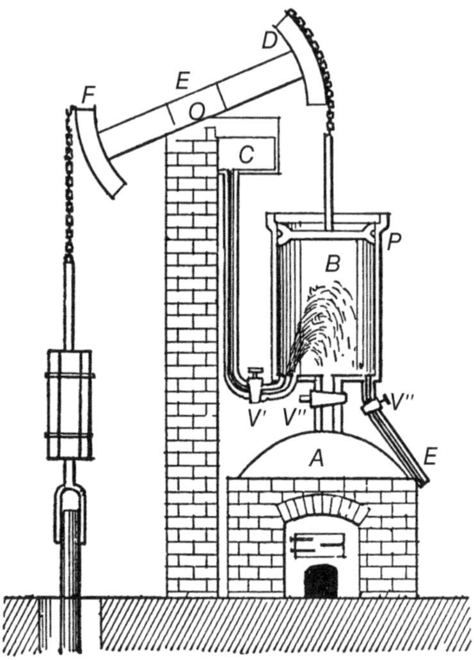


图9　纽科门蒸汽机示意图

缸灌满蒸汽，然后通过喷射冷水使汽缸冷凝——这就是纽科门著名的“冷水喷射”——空气将活塞向下推，使水泵上升。纽科门发现了一种利用大气重量来把水抽到高处的方法，这也是一种赚钱的方法。

有一段时间，研究蒸汽机的历史学家认为，纽科门对大气科学是完全无知的，但近年来，这种观点发生了转变，现在人们认识到，纽科门可能确实知道自然哲学家的发现。这个渠道就是英国皇家学会会员托马斯·萨弗里，他了解这门科学。萨弗里发明了蒸汽泵，并前往达特茅斯进行推广。他可能在那里见过纽科门。可以确定的是，他们至少有一位共同的朋友。因此，工业革命中最伟大的一项发明很可能就是科学在起作用。

给蒸汽机提供基础支撑的科学来自整个欧洲（主要科学家是意大利人、德国人和法国人），但研究和开发是由一位英国人在英国进行的，因为英国是唯一一个大规模使用发动机有利可图的地方。原因有二：第一，发动机的主要用途是矿井排水，英国由于采煤而拥有欧洲最大的采矿业；第二，发动机消耗了大量的燃料，而煤矿提供了廉价的燃料。18世纪早期，一位重量级工程师约翰·西奥菲勒斯·德古利耶曾这样评论道：

> 在没有水（作为动力），煤又便宜的地方，现在被称作“火力发动机”的发动机，或用火力提升水位的发动机，是最好和最有效的选择。不过，这在煤炭厂尤其有巨大的用途（以至于现在仍普遍使用），因为煤炭厂的火源是用卖不出去

的煤渣制造的。

在英国开发纽科门发动机有利可图的原因是，有很多煤矿需要排水。

纽科门的发动机是开启技术发展轨道的宏观发明。

在接下来的一个半世纪里，工业革命中多位负有盛名的工程师改良了发动机。

包括英国那些便宜的煤炭在内，所有进料的消耗都减少了。燃料消耗从1727年的每马力小时消耗四十四磅煤下降到1847年每马力小时三磅煤。这种改进对英国工程界来说是一大胜利，但是它把在18世纪主要惠及英国的蒸汽机变成了世界各地都可使用的技术，从而削弱了英国的竞争优势。一旦煤的消耗量降低到每马力小时三磅，煤的价格对发动机的商业应用就无足轻重了。英国工程师发明了“适合所有人的技术”。

工业革命的一项智力成果是发明家作为“富有灵感的天才”的形象，这并非偶然：中产阶级的宣传者将詹姆斯·瓦特宣传塑造为一个发明天才——因此，他是国家繁荣的担保人——还可与军事天才威灵顿公爵相抗衡，威灵顿公爵不仅打败了拿破仑，还成为地主阶级的政治领袖。事实上，除了天才突发灵感有了一个绝妙的想法之外，发明的出现方式很多。许多发明都包含了艰苦费力的制造工艺，这些工艺常将平庸的想法转变成可靠而廉价的产品或（生产）流程。纺织业就是如此。托马斯·爱迪生的妙语“发明是1%的灵感加上99%的汗水”就包含了这样一个基本的道理。“边做边学”也很重要，因为工程师和管理人员正是通过观察机器和生产流程在实践中是如何运作的，才找到了改进它们的方法。有时许多公司（有意或无意地）交换信息，这样的话，一家公司的进步可以由另一家公司继续往前推进。这带来了集体发明。

蒸汽机的历史说明，发明可以用不同方式组织，同时也表明启蒙运动的精英发明家以及那些与高级科学没什么联系的工匠发明家都很重要。蒸汽机是由达特茅斯的五金商纽科门发明的，他与英国皇家学会会员托马斯·萨弗里合作获得了一项专利，并产生了一些收益。燃料消耗从1727年的每马力小时耗煤四十四磅下降到1769年的每马力小时三十磅，这可能是由于集体发明的缘故，因为经营者们互相分享成果、相互借鉴经验。

耗煤量进一步从三十磅下降到十七磅。这是英国皇家学会会员约翰·斯米顿的研究成果。斯米顿收集了十五台发动机的记录——它们的主人没有把它们当作秘密，并对这些记录数据进行分析，以确定最有效的设计。斯米顿没有为他的发现结果申请专利。他通过咨询合同方式从他的研究中获利。斯米顿是工业启蒙运动的领军人物。

接下来的一个进步归功于詹姆斯·瓦特——英国皇家学会会员，他那著名的独立冷凝器将燃料消耗从十七磅降到了九磅。第一个带有独立冷凝器的发动机于1776年投入使用。瓦特当然有个人利益动机，他于1769年获得了他的冷凝器专利。瓦特的职业生涯表明了专利的双重性质：专利为他的发明提供了酬金，但它也阻碍了后来的进步，因为他利用自己的专利阻止了其他发明人使用复合气瓶进行试验。工程的进步发展受到迟滞，直到瓦特的专利在1800年到期才有进一步发展。

瓦特的例子也表明，将科学家和一线工程师联系起来的社会关系是很重要的。瓦特出生在格里诺克，18岁时被送到格拉斯哥学习数学仪器制造。瓦特最初与母亲的家人住在一起，通过母亲的亲戚乔治・缪尔黑德，瓦特认识了格拉斯哥的科学和文化精英。他和罗伯特・迪克（后来的自然哲学教授）以及约瑟夫・布莱克医生（医学教授）成了密友。

在伦敦接受了一年的仪器制造培训后，瓦特于1757年回到格拉斯哥，并被允许在大学开设一个工作室，为约瑟夫・布莱克制造仪器。布莱克的科学研究与热有关，他构想出“潜热”的概念并提供给瓦特，这是瓦特在独立冷凝器上取得成功的原因。

后来，布莱克在爱丁堡大学就职，并给自己定下了应用科学知识发展苏格兰经济的任务。他与工业企业家一起工作。布莱克成了瓦特一生的朋友。瓦特通过与布莱克和布莱克圈子内的其他成员建立伙伴关系筹集了资金，比如约翰・罗巴克雇用瓦特在金内尔的一座煤矿安装他的第一台蒸汽机。苏格兰的科学-工业联合体是工业启蒙运动的典型例子，瓦特利用联合体的关系深化了他的思想，进一步推动了他的发明。

蒸汽动力的下一个进步是由康沃尔郡工程师推动的，他们设计了著名的康沃尔泵吸发动机来给铜矿和锡矿排水。他们的目标是节省燃料，因为煤是从南威尔士运来的，所以燃料非常昂贵。这个问题的严重性随着瓦特的专利权在1800年到期而加剧，因为瓦特在这个时候将他的工程师从康沃尔郡撤出，发动机效率急剧下降。矿主们不想花钱请瓦特提供建议，所以他们联合起来自己解决问题。每个月所有发动机的设计和燃料消耗细节都会经过确认，并发表在《里恩发动机通讯》上。通过这种方式，工程师们可以相互学习经验，在接下来的几十年里，康沃尔发动机得到了完善。这是一项大规模的集体发明，它创造了有史以来最高效的抽水技术。专利不是进步的必要条件。完成这些改进的工程师们与启蒙运动并没有什么关系。

## 陶瓷制品

瓷器是亚洲进口物品刺激工业革命的一个典型例子。在中世纪和近代早期，中国拥有庞大的瓷器工业，向世界出口精美的花瓶、大浅盘和其他瓷器商品。尽管也有其他颜色的装饰，但许多瓷器都以白色背景加蓝色图案作为装饰。英国的瓷器生产始于18世纪中叶。

当时在一个新的国家开办陶瓷工业在技术上存在困难，因为化学还处于初级阶段，这意味着当地原料的性质不容易确定，也不能通过常规的科学方法来调整生产方法。关于瓷的知识未被言明，由该行业的工匠掌握。这些挑战在17世纪中期开始的一系列改进中得到了解决。在成功模仿国外产品之后，知名和不知名的陶工都在推动（制陶业的）进步。

陶瓷制作的历史也支持了工业启蒙的观点，即通过与顶尖科学家的接触，更重要的是，通过科学方法对制造方法进行完善，科学的进步推动了技术进步。事实上，陶瓷是最早用现代科学知识取代工匠惯例做法的产业之一。

17世纪中叶，英国陶瓷生产处于原始状态。大多数国内产品是廉价的本地生产的陶器。高端需求通过进口中国瓷器来满足，大量的盐釉炻器从莱茵兰进口并出售给中下阶层家庭。

建立英国制陶工业的第一步是由约翰·德怀特（1633—1703）迈出的，他是工业启蒙推动技术进步的一个很好的例子。德怀特是一个自耕农的儿子，但他在学术上很有前途，他被牛津大学录取，在那里学习法律和化学，并在罗伯特·博伊尔的实验室工作。然而，他获得了法律学位，并一直担任神职人员，直到1669年，“经过多次试验，他得出结论，他掌握了制造瓷器的秘密。于是，他卖掉了自己的（神职人员）办公室，来到伦敦，在那里受到博伊尔先生和胡克博士的鼓励”。他试图制作各种进口到英国的陶器。虽然他在制造瓷器方面失败了，但他的实验揭示了制造盐釉炻器的秘密。这可不是一个简单的成就，因为它需要确定合适的原料，发明高温炉，并且要发现正确使用盐釉的方法。德怀特为他的方法申请了专利，并试图保密，但没有成功，因为他的员工辞职了，并创建了与之竞争的公司。德怀特负责建立了英国的盐釉炻器工业。

中国向欧亚大陆出口瓷器，许多国家的人试图将瓷器生产本土化。例如，奥斯曼土耳其人仿造了砂玻器。15世纪时，伊兹尼克的陶工利用当地材料创造了一种新颖的工艺，其特点是在白色釉底上有双面烧制的钴蓝色图案。在接下来的两个世纪里，他们扩大了颜色的范围，并大量出口到中东和欧洲。然而，在18世纪，这一产业并没有引发工业革命，而是走向衰落。在欧洲，萨克森选帝侯、“强壮的”奥古斯特二世是一位狂热的瓷器收藏家，他推动了艾伦弗里德·瓦尔特·冯·契恩豪斯（工业启蒙运动的另一个例子，尽管他是德国人）和被囚禁的炼金术士约翰·弗里德里希·波特格的研究。1708年，他们成功地制造出真正的瓷器，在萨克森发现了瓷石和瓷土，梅森瓷厂由此诞生。

在英国，科学文化的另一个典范是威廉·库克沃西（1705—1780），他最终成功地生产出了硬瓷。他是一位成功的药剂师。18世纪40年代，他在康沃尔郡的托马斯·皮特的土地上发现了瓷石和瓷土的矿藏。皮特并非因为他的科学兴趣而出名，但他确实资助了库克沃西的专利申请和完善制造方法的实验工作，这可能是为了提高他的地产中矿物的价值。库克沃西有许多科学界的熟人，包括约翰·斯米顿——他在建造埃迪斯通灯塔（1756年至1759年）时住在他家，以及詹姆斯·库克船长和约瑟夫·班克斯——他们在1768年与他共进晚餐。

乔赛亚·韦奇伍德（1730—1795）是工业启蒙运动的另一个典范，他把英国制造业提升到了更高的水平。他的家人都是陶工，他本人当过陶业的学徒。尽管如此，他接受了知识是通过实验获得的科学观点，并且进行了五千次实验，以找到更好的材料和工艺。他发明了一种高温计来更精确地测量温度，这使他被选为英国皇家学会会员。他建立了一家成功的制造企业，并主导了王后瓷器（一种改良的奶油色陶器）、玄武岩炻器、碧玉细炻器等新产品的引进。除了餐具，他还生产大奖章、装饰品和花瓶。他是一个了不起的市场商人。

德怀特、库克沃西、韦奇伍德……这看起来就像是工业启蒙运动在发挥作用。不过，尽管这些杰出人物对英国陶器的发展做出了决定性贡献，但他们并非孤军奋战。这群发明家在两个方面有更广泛的伙伴。

首先，许多发明都是由只有行业背景、与启蒙运动没有联系的人创造的。韦奇伍德早期靠卖奶油色陶器赚钱，这种陶器在一个世纪里成为英国陶器的主要产品。奶油色陶器是伊诺克·布斯在18世纪40年代发明的。布斯是屠夫的儿子，在一个陶工家当过学徒。布斯在1750年左右还发明了二次烧制法。他是这种方法的首行者，做法是给陶罐上釉，用火烧后，在表面上画一幅画，并在外部涂上一层透明的釉以保护图像，然后再烧一遍。另一位出身贫寒的发明家是乔赛亚·斯波德一世（他的祖父是一个“采煤工人”），他师从托马斯·怀尔登。1784年，斯波德改良了釉下转印技术，并开发出骨瓷，这一项目由他的儿子约西亚二世完成。像德怀特和韦奇伍德这样的著名发明家，在一个由独立工匠制造商组成的行业工作，其中许多人对技术进步做出了同样有价值的贡献。事实上，有人可能试图通过把韦奇伍德重新归类为工匠而颠覆工业启蒙运动。毕竟，他在24岁时就开始做陶瓷实验了，当时他和托马斯·怀尔登一起工作。韦奇伍德直到52岁才向皇家学会宣读了他的第一篇论文。从工匠们的角度来看，英国皇家学会在赞美他们的一位领军人物时表现出了良好的鉴赏力，但他的发现和成就的动力来自下层，而不是上层。

其次，陶器技术是通过集体学习发展起来的，也是通过富有灵感的天才和研发企业家的努力发展起来的。尽管工匠们经常试图对他们的改进之处进行保密，但事实证明这很困难，因为当员工离开公司时，他们会带走这些知识。尽管存在各种限制，结果还是产生了集体发明。陶艺的技术进步并不完全依赖于领军人物的行为。就像制陶业一样，集体发明的普遍性是灵感天才发明模式的第二个条件。

设计漂亮的罐子是一回事，将其成本低廉地制作出来则是另一回事。

陶艺方面的创新同等地瞄准了这两个方面。英国发展了与中国根本不同的方法。在这两个国家，技术发展的方向是在减少昂贵投入的同时增加廉价投入。首先，英国制造商将为其他行业开发的机器进行改造，从而减少了熟练工人的雇用。例如，韦奇伍德公司安装了车床来转动花瓶的圆柱形部件。其次，转印法得到发明。在中国，艺术家在每件作品上都画上图案。转印法是英国使用的第一种方法，它非常昂贵。在英国，转印法通过用资本代替劳动，降低了成本。在转印技术中，图案被雕刻在铜板上，然后用铜板将图案印在薄纸上。当墨水还没干的时候，人们就在一个之前上过釉的罐子上铺上一层薄纸，这样墨水会粘在上面，就把图案花样转移到了罐子上。英国印刷工约翰·萨德勒和爱尔兰雕刻家约翰·布鲁克斯在18世纪40年代分别独立发明了这一工艺。然而，转印来的墨迹容易被磨损。解决办法是在墨迹上涂上第二层釉，然后再次烧制。约翰·沃尔是一名医生，也是伍斯特瓷器公司的创始人。1757年，他发明了用蓝墨水在釉面下进行转印的技术，1784年，约翰·斯波德进一步完善了这项技术。著名的青花柳树图案是由托马斯·明顿在1780年首次雕刻的，这是一种转印法（参见图10）。

再次，尽管在英国陶器生产中，资本代替了昂贵的劳动，但从英国和中国的窑炉比较可以看出，这种替代是有区别的。

图10　饰有柳树图案的盘子

英国的窑炉是为了节约资本而建造的，但在使用能源方面是挥霍无度的。英式窑炉底部有煤火。热量上升，包裹着坩埚，然后通过炉子顶部的一个孔排出。大量的能源被浪费了。英国的窑造价低廉，但热效率不高。相比之下，中国的窑炉耗费了大量资金来保存热量。它们由沿山坡上升的一系列窑室组成。下层窑室的入口处燃烧着火焰，热量被吸入其中烘烤壶器。热量没有像英式窑炉那样从顶部的一个孔排出。相反，它被强行穿过地板上的一个洞，进入山上的下一个窑室。热量在一个又一个窑室里重复使用，所以没有浪费。当然，这种设计意味着要投入更多的资本。因此，陶窑是另一个例子，说明技术是根据资本、燃料和劳动成本进行设计的。在这种情况下，中国昂贵的燃料导致了用资本替代能源，这与英国的做法形成了对比。

英国人削减成本的最后一条途径是扩大陶器工厂的生产。韦奇伍德的伊特鲁里亚工厂就是一个引领者。该工厂建立在劳动分工的基础上，但与棉纺作坊不同的是，它的目标不是使用缺乏技术的妇女和儿童代替男性工匠，而是通过技巧性工作培训来提高人们的技能。此外，如前所述，机器被用于提高许多工作中的劳动生产率，比如可以用车床完成的工作。最后一点，严格检查和质量控制已成为人们的执念。

## 工业革命的结束

有人认为，工业革命结束于1830年左右，但在我们看来，它又延续了一代人的时间。1830年取得的进步远未达到平衡状态。

棉纺业规模巨大；纺纱完全实现了机械化；动力织机迫使手摇织机被扔进了历史的垃圾堆。铁制品的生产技术也发生了革命性的变化，一个主要为纺织工业提供机械的机器制造业已经发展起来。在这些工业部门之外也有一些进展，正如我们前面所讨论的那样，蜡烛和帽子生产中也使用了机械，但经济的大部分行业尚未被工业革命触及。

1830年到1870年间，随着现代技术在经济领域的普及，这种情况发生了变化。一个重要的指标是越来越多地使用蒸汽动力。19世纪初，大多数蒸汽机被安装在矿井里用于排水。工业以水为动力。1830年，蒸汽和水是同等重要的动力来源，各有16.5万马力。到1870年，水力动能增加到23万马力，而蒸汽动能跃升到206万马力。蒸汽机使用量增加的原因是燃料效率的提高和高压发动机的发明，它比纽科门和瓦特的低压发动机更轻、更便宜。

与水轮不同，蒸汽机的一个优点是它具有潜在的机动性。所有早期的高压蒸汽实验者都试图用它给车辆提供动力，但由于道路状况不佳，结果令人不太满意。一种解决办法是把发动机放在通常用来从矿井中运煤和矿石的轨道上。1804年，理查德·特里维西克在威尔士的潘尼达伦钢铁厂建造了第一辆蒸汽机车，在轨道上牵引矿物。机车在煤矿有市场，随着工程师们尝试不同的配置并吸取经验教训，机车的设计逐渐得到改进。伟大的转折点是1829年乔治·斯蒂芬森和罗伯特·斯蒂芬森的“火箭号”机车，它在“雨山选拔赛”拔得头筹。作为奖励，他们获得了利物浦和曼彻斯特铁路的机车合同，这是第一条通用铁路，开启了一场铁路建设狂潮。到1867年,有1.2万英里的铁路投入使用。

世界各地都在铺设铁路,这促进了世界市场的一体化。

解决路况不好的另一个办法是把发动机放在船上。罗伯特·富尔顿成功建造了第一艘商用蒸汽船——“克莱蒙特号”,于1807年在哈德逊河上进行了航行。跨越大洋是更大的挑战。另一个问题是发动机的热效率,因为船需要携带航行所需的煤炭,所以发动机的效率越低,就得用更多的承载力去运煤炭,而可以带来收入的货运能力就越低。1838年,伊桑巴德·金德姆·布鲁内尔主持的“大西方号”项目,确立了可以跨越大西洋的概念,他的作品“大不列颠号”是世界上第一艘由螺旋桨驱动的汽帆船(铁壳船)。从帆到蒸汽动力的转变是渐进的,并且取决于发动机效率的提高。

19世纪末,蒸汽动力终于在英国到中国这一最长的航线上取代了船帆。随着蒸汽机使用的增多,世界经济的一体化程度也在提高。

在1830年到1870年间,蒸汽动力的机器在整个经济活动中取代了很多人力和畜力劳动。19世纪50年代,由马牵引的轻便蒸汽机为农场提供动力,后来(在1859年)被牵引车取代。1865年,它配备了滚轮,因此可用于地面行驶。自19世纪20年代开始,蒸汽动力驱动的锯木机取代了两个工人和一把锯子。在混合黏土制砖和制陶的过程中,黏土拌合机取代了繁重的体力劳动。砖是用机械挤压机而不是手工成型的。在各行各业都是如此。

在1840年以前,蒸汽动力对集体劳动生产率的增长贡献甚微。最大的贡献是在1850年到1870年间，而且，恰巧与铁路的建设以及工厂和机器在英国诸多行业领域的普及同时出现。19世纪中叶，手工劳作消失了，取而代之的是生产率更高、工资更高的工厂作业。

第四章

# 英国的国情

前面一章讲的是工业革命仁慈的一面。现在我们将目光转向它的阴暗面，并思考为什么这种技术进步的崛起在这么长的时间里给这么多的人带来了如此普遍的痛苦。我们从一个宽泛的问题开始：技术革命是如何改变社会结构的？

## 阶级结构

我们可以用社会一览表来回答这个问题。社会一览表将社会分为不同的地位或职业群体，并明确说明了每个群体的家庭成员数量和他们的平均收入。格里高利·金在1688年为英国准备了第一张社会一览表。这张表非常有名，因而也界定了这一流派。马西在1759年对金的这张表进行了更新，科尔库恩根据1801年第一次人口普查结果对这张表进行大幅度修订，以描述英国现状（尽管我查明他这张表可追溯到1798年），后来，斯米和巴克斯特利用1841年和1861年的人口普查结果的职业数据以及所得税申报表信息对其做了进一步的修订。由于调查人员依赖不同的信息来源，采用不同的职业分类，各表之间进行比较并非易事。历史学家们用最近汇编的有关职业分布和收入等信息来修改表格，从而解决了这个问题。完全的可比性是不可能的，但社会一览表的确揭示了社会进步的几个主要趋势。

方框4概述了几个主要社会一览表的情况，将各种职业和地位类型缩减为六个可以在整个工业革命时期追溯到的群体。

19世纪的表并不包括苏格兰，为了确保一致性，所有时期的表都沿用这一规范（未将苏格兰纳入统计）。这有点令人遗憾；然而，根据19世纪的数据计算，大不列颠的比例与这里显示的英格兰和威尔士数据相差无几。

“地主阶级”是上层阶级，拥有英格兰大部分土地，农业地租是他们收入的主要来源。和所有的群体一样，这个群体的内部也很多样。这个群体包括国王或王后、贵族、乡绅，还有英格兰教会的教区神职人员——这些人都依赖教会附属地的供养。土地所有者还包括由大学地产供养的为数不多的大学董事。地主阶级在人口中所占比例从未超过2%，而且这一比例大体上长期保持不变。方框4显示的数字从三万增加到五万，这可能反映了1846年和1867年将女性土地拥有者纳入了统计，而这些人在早期的统计中被遗漏了。地主阶级是这个国家最富有的群体。

**方框4：工业革命期间，英国的社会结构发生了怎样的变化?**

在下面的表格中，遵循从格里高利·金1688年的社会一览表到1867年达德利·巴克斯特的一览表的分法，把英国人口分成六个阶层。该表显示了每一阶层类别每年的家庭数量（在早期社会一览表中称为“家族”）。家庭成员包括仆人和许多有亲缘关系的个人。拥有这个国家大部分不动产的地主阶级人数总是很少。工人阶级一直是人数最多的，并且在工业革命期间大幅增长。然而，中产阶级的增长速度更快。随着工业的扩大，农民的数量相对于其他群体有所下降。在18世纪，靠救济度日者的数量有所增加，然后随着工业的发展以及《济贫法》变得更加严格，其数量略有下降。

| | 1688 | 1759 | 1798 | 1846 | 1867 |
|---|---|---|---|---|---|
| **第一部分：家庭数量** | | | | | |
| 地主阶级 | 31 626 | 29 070 | 38 704 | 52 986 | 50 695 |
| 资产阶级 | 60 128 | 84 000 | 95 879 | 363 932 | 436 493 |
| 中下层阶级 | 114 602 | 188 000 | 252 640 | 649 396 | 884 450 |
| 农民阶级 | 402 440 | 379 008 | 320 000 | 243 130 | 223 271 |
| 工人阶级 | 980 863 | 1 128 247 | 1 804 567 | 2 598 299 | 3 668 936 |
| 佃农和靠救济度日者 | 161 672 | 192 310 | 439 897 | 320 648 | 3 177 26 |
| 总计 | 1 751 331 | 2 000 635 | 2 951 687 | 4 228 393 | 5 581 571 |
| **第二部分：家庭分布率（%）** | | | | | |
| 地主阶级 | 1.8 | 1.5 | 1.3 | 1.3 | 0.9 |
| 资产阶级 | 3.4 | 4.2 | 3.2 | 8.6 | 7.8 |
| 中下层阶级 | 6.5 | 9.4 | 8.6 | 15.4 | 15.8 |

续 表

| | 1688 | 1759 | 1798 | 1846 | 1867 |
|---|---|---|---|---|---|
| **第二部分：家庭分布率（%）** | | | | | |
| 农民阶级 | 23.0 | 18.9 | 10.8 | 5.7 | 4.0 |
| 工人阶级 | 56.0 | 56.4 | 61.1 | 61.4 | 65.7 |
| 佃农和靠救济度日者 | 9.2 | 9.6 | 14.9 | 7.6 | 5.7 |

资料来源：罗伯特·C. 艾伦，“再次修订英格兰社会一览表”，牛津大学，《经济和社会史工作论文》第146期，2016年。

次等富有的群体是资产阶级，包括大资本家、银行家、商人、律师、高级官员和投资者。1688年，他们的人数已经超过了地主阶级，在工业革命期间，他们的人数增长了七倍。在此期间，他们在人口中所占比例从3%增加到约8%—9%。

第三个群体是中下阶层。在18世纪，他们主要是店主和手艺人。通常，他们的业务包括生产和销售。他们是“屠夫、面包师、烛台制造师”。中下阶层还包括教师，1800年，科尔库恩认可了另一种职业——职员。随着工业革命的展开，越来越多具有专业性、指导性、管理性和其他领薪水性质的“白领”工作岗位被创造出来。从1688年到1867年，这一类别的人几乎增长了八倍。

第四个群体是农民，他们在人口中所占的比例正在下降。1688年，有近二十万块小农场为农民和自耕农持有，由他们和他们的家人进行耕种。另外二十万个是较大的农场，主要是从大庄园租来的，由雇工耕种。农场的数量在18世纪和19世纪初有所下降，原因是自耕农所拥有的土地被并入大型农场。在工业革命期间，农业是一个衰落的行业。

第五个群体规模最大，也就是工人。在18世纪，他们包括按年雇用并与雇主住在一起的仆人，按日雇用的劳工，以及许多通常按件计酬或根据任务支付报酬、被合并到独立承包商那里的手工艺者。许多工匠在自己的小屋里干活，威特尼织工就是一个例子。建筑工人、矿工和水手当然都在离家很远的地方工作。那时，农业领域的工作岗位和其他经济领域的工作岗位一样多。

这个“体力劳动者阶级”是英国经济中最大的群体。在工业革命期间，它增长了近四倍。大部分新增就业岗位是非农业的。工作的性质发生了重大的变化，因为在自家小屋用手工设备工作的独立手艺人被新工厂雇用的机器操作员取代了。

最贫穷的群体是那些即使有工作也只是打零工的人。在1688年，这一群体几乎占到了整个家庭数量的十分之一。金称他们为“佃农和靠救济度日者”。金估计他们的收入仅够生存之用，这意味着他们可能没有全职工作。在19世纪，穷人是那些接受贫困救济的人。贫困人口的这种比例一直保持到1759年，然后随着人口的增长而增加，妇女的就业机会随着纺纱工人的减少而减少，食品价格随着农业产量落后于人口增长而上涨。表中显示的1798年至1846年间穷人数量的下降则是《济贫法》改革的结果，改革使穷人更难获得贫困救济。因此，这种下降是虚假的。不过，一直到1867年，贫困人口比例进一步下降，可能反映了劳动力需求的上升。

我们还可以利用社会一览表来追踪这些群体的收入。可以通过所赚的钱或购买力进行计算。方框5显示了每一群体中一个挣钱养家的人的平均收入。

一个家庭里可以也确实有多个挣钱养家的人，比如，丈夫织布，妻子纺纱，儿子在作坊里干活。这些收入所蕴含的生活水平还取决于人们所消费的商品的价格。有很多方法可以衡量这些价格，我们这里采用之前定义的一个生存篮子的成本来衡量。用家庭人均收入除以篮子的成本，可调节价格变化后的收入，因而可表明每个人一年可以消费多少篮子的商品（参见方框6）。

在整个工业革命期间，收入最高的群体是地主阶级。这个特权圈子的人收入跨度很大——从简·奥斯丁著作中的达西先生这样几乎位于英国社会顶尖、每年收入一万英镑的人，到柯林斯先生这样令人不快的牧师——其年收入或许是一百二十英镑。到19世纪60年代，方框5可能少报了这一群体的收入，因为它假设他们只获得农业租金，因此没包含他们在城市房地产和非农业投资上的收入，而这些投资在那时正变得愈发重要。

方框6显示了实际收入在工业革命期间的变化。地主阶级总是很富裕。1688年，他们每个人可以消费30个篮子，到了1800年，他们消费可能性增加到50个篮子，此后就一直保持稳定。事实上，没有人能消耗掉方框6所列的50个篮子燕麦片。他们将食物消费升级为更昂贵的卡路里来源，如鹌鹑肉和波尔图葡萄酒，并雇用建筑工人、仆人和珠宝制造商，这些人实际上是在为他们吃篮子内的食物（或升级版本）。

**方框5：人们挣了多少钱？**

每户人家至少有一个人挣钱，而且常常不止一个人。从这个意义上讲，“挣钱养家的人”是指那些为工资或薪水工作、做买卖、获得股息分红、投资利息、出租土地的租金或领取贫困救济的人。下表中的收入，等于这个阶层的总收入除以这个阶层中挣钱人的总数。

**每个挣钱者的年平均收入（以英镑计）**

| | 1688 | 1759 | 1798 | 1846 | 1867 |
|---|---|---|---|---|---|
| 地主阶级 | 271.49 | 452.78 | 756.49 | 603.93 | 678.57 |
| 资产阶级 | 175.38 | 145.37 | 525.45 | 441.23 | 466.29 |
| 中下层阶级 | 24.47 | 27.17 | 64.79 | 111.64 | 75.00 |
| 农民阶级 | 15.89 | 21.57 | 48.75 | 121.39 | 159.22 |
| 工人阶级 | 12.59 | 13.58 | 22.68 | 26.31 | 31.83 |
| 佃农和乞丐 | 3.15 | 3.62 | 3.67 | 5.31 | 7.20 |
| 平均值 | 19.91 | 23.14 | 40.29 | 57.30 | 65.66 |

资料来源：罗伯特·C. 艾伦，“再次修订英格兰社会一览表”，牛津大学，《经济和社会史工作论文》第146期，2016年。

**方框6：那时的生活水平有多高？上升了吗？**

生活水平是用“实际收入”来衡量的。首先，人均收入是用每个阶层每年的总收入除以包括男人、女人和儿童在内的这个阶层的总人数来计算的。该结果被称为“人均名义收入”。“名义收入”除以方框2中界定的生存篮子的成本，从而换算为“实际收入”。结果就是每个阶层中每人每年可以购买的生存篮子的数量。1688年的“实际收入”从农民和靠救济度日者的略高于1，到地主阶级的平均31。后者并没有消耗三十一倍生存篮子中的燕麦粥。有些篮子被用来雇用仆人、建筑工和工匠。其他的则被用来购买质量更好的食物和更精致的衣服。在工业革命期间，人均消费量增加了一倍多。所有的社会阶层都获得了好处，尽管数量多少不一。在19世纪上半叶，工人们的平均收入并没有增加，但他们的实际收入在1846年之后却大幅上升。

**人均实际年收入（最低生活收入的倍数）**

| | 1688 | 1759 | 1798 | 1846 | 1867 |
|---|---|---|---|---|---|
| 地主阶级 | 30.92 | 45.42 | 53.57 | 49.97 | 50.98 |
| 资产阶级 | 20.58 | 14.74 | 37.16 | 32.43 | 51.39 |
| 中下层阶级 | 5.26 | 5.19 | 8.40 | 12.74 | 7.25 |
| 农民阶级 | 3.80 | 4.50 | 6.89 | 10.91 | 11.96 |
| 工人阶级 | 3.27 | 3.27 | 4.39 | 4.37 | 6.21 |
| 佃农和靠救济度日者 | 1.02 | 1.02 | 1.17 | 1.98 | 2.43 |
| 平均值 | 4.90 | 5.16 | 7.77 | 9.43 | 11.07 |

资料来源：罗伯特·C. 艾伦，“再次修订英格兰社会一览表”，牛津大学，《经济和社会史工作论文》第146期，2016年。

在整个工业革命期间，地主阶级的消费水平很高，但随着农业相对于工业的衰落，他们的相对地位慢慢受到侵蚀。1688年，地主阶级的农业地租占国民收入的16%。到了1867年，他们的租金收入占比降至5%。

资产阶级是第二富有的群体。他们紧随地主阶级之后。和地主阶级一样，他们最高的名义收入是在1798年实现的，但他们在后来几年没有受到影响，因为货币收入的下降主要被更低的物价抵消了。理查德·阿克莱特爵士是一名企业家，也是水力织机的发明者，他每年的收入约为两万英镑（根据他去世时的财富来判断），而他的儿子将这一收入提高到了大约四万英镑（参见图11）。他被认为是王国最富有的平民。就消费可能性而言，资产阶级在1688年每人只有20个篮子，但在1867年甚至胜过了地主阶级，略微超过了他们（资产阶级有51.39个篮子，地主阶级有50.98个篮子）。

中下阶层和农民的收入介于两个上层阶级和工人之间。在18世纪，中下阶层的平均收入至少是普通工人的两倍。1688年，农民的收入只比工人多四分之一。农民和自耕农的收入较低，降低了群体平均收入。随着小农的消失，这个群体的平均收入在1798年上升到了工人的两倍。在19世纪上半叶，当地主阶级和资本家的名义收入下降时，中下阶层和农民的收入激增。1846年以后，农民在“高水平农业”时代继续前进，而店主和职员的收入却下降了。然而，他们的消费标准总体上是宽裕的。工业革命期间，农民的收入从4个篮子增加到近12个篮子，翻了

(a)

(b)

图11　理查德·阿克莱特和他的水力纺纱机

三倍。1688年，店主和职员开始时只有5个篮子，1846年达到12个，1867年又下降到7个。这几乎都没超过一个熟练手艺人的收入。

在工业革命期间，穷人的收入逐渐增加。1688年到1798年间，他们的名义收入和生活水平几乎都没有增长。在18世纪，穷人平均每年只能获得一个生存篮子。然而，在19世纪，穷人获得了更多收入，到了1867年，每个穷人得到的收入几乎相当于两个半生存篮子。令人吃惊的是，1688年到1867年间，穷人的平均实际消费增长了2.38倍，这几乎完全等于英国人口在同一时期平均消费增长的2.26倍。

### 工人阶级的生活水平

工人阶级被放在了最后，因为"在工业革命期间，工人阶级的生活水平是上升、下降还是保持不变"这个问题，是这一时期最具争议的一个问题。每个人都认为实际工资在1850年之后上涨了，然而，1800年到1850年间发生的事情是极具争议的，更早的时候发生的事情则是一个谜。

这些社会一览表为这些谜题提供了答案。方框5显示，18世纪上半叶，每个工人的平均收入增长缓慢，之后增速加快，一直到1798年。这一时期，英国的工资水平出现了相当大的趋同，相比伦敦和南部，北部的工资通常较低，现在北部的工资水平提升到了前两地的高度。然而，在1800年至1846年间，这种趋势发生了变化，每个工人的收入增长甚微。19世纪40年代对整个欧洲的工人来说都是艰难的时期，英国工人也没有逃脱这一趋势。然而，1846年之后，他们的财富发生了变化，收入增加了五分之一，直至1867年。

如方框6所示，当工资根据生活费用的变化进行调整并按人均计算时，这些模式就会得到加强。这个方框突出显示了家庭成员的平均消费能力。值得注意的一点是，以国际标准衡量，英国工人十分富裕：许多欧洲人和亚洲人幸运的话会获得一个生存篮子，而英国工人阶级家庭成员平均每年都能获得三个以上的生存篮子。与上层阶级一样，英国工人也没有消费方框6所示的三篮子燕麦片，不过相反地，他们的消费升级到食用培根、啤酒和白面包。

虽然英国工人在工业革命开始时享有很高的生活水平，但过了很长时间，他们才意识到实质性的收益。在1688年到1759年间，人均消费量没有变化，但随后从3.27篮子上升到1798年的4.39篮子。19世纪上半叶又出现了停滞，工人阶级人均消费下滑了0.5%，而（国民）总体消费却增长了21%，农民和中下层阶级的收入上涨超过50%。1688年，工人阶级的平均消费是全国平均消费水平的67%。1759年，这一比例降至63%，1798年降至56%，1846年降至46%的最低点。1846年至1867年间，工人阶级（的收入）开始迎头赶上，人均消费从4.37个篮子跃升至6.21个篮子，增长了42%。在此期间，工人阶级购买力的增长也远高于17%的全国平均水平。1867年，工人阶级的消费反弹至全国平均水平的56%。

## 工人阶级内部的不平等

如果我们对这个问题的讨论到此为止的话，我们对工人阶级生活水平的看法既不乐观也不悲观：在19世纪上半叶，普通工人家庭的人均消费既没有明显上升，也没有明显下降；然而，工人阶级平均消费水平落后于其他收入迅速增长的富裕群体。这一结论尽管看上去谨慎，但仍过于乐观，因为它忽视了这一时期的一个关键特点：工人之间的工资不平等现象严重加剧。那些在不断扩张的现代行业部门工作的人往往发展得很好，而在手工业部门工作的人则发展得很差。后者经历了极度贫困。这种发展结果被平均水平遮掩了。实际上，平均的意义就是要抵消高值和低值。

我们可以看到兰开夏郡劳动力市场的不平等在加剧。图12描绘了从1770年到1850年建筑工人、农场工人和手摇织机工人的实际收入。

起初，这些群体之间的收入差距很小。所有行业的收入都略低于两个篮子，收入最高的建筑工人，只比收入最低的手摇织机工人多40%左右。手摇织机工人在19世纪的前二十五年享受了短暂的黄金时代，当时他们的收入飙升至几乎四个篮子，但到1840年，他们的收入暴跌至仅能维持生存的水平。当时，建筑工人的收入是手摇织机工人的三倍。农场工人处于中间位置，并在这一期间实现了实际工资的小幅增长。明显的赢家是建筑工人，他们的实际收入在1850年翻了一番，农场工人是失败者，而手摇

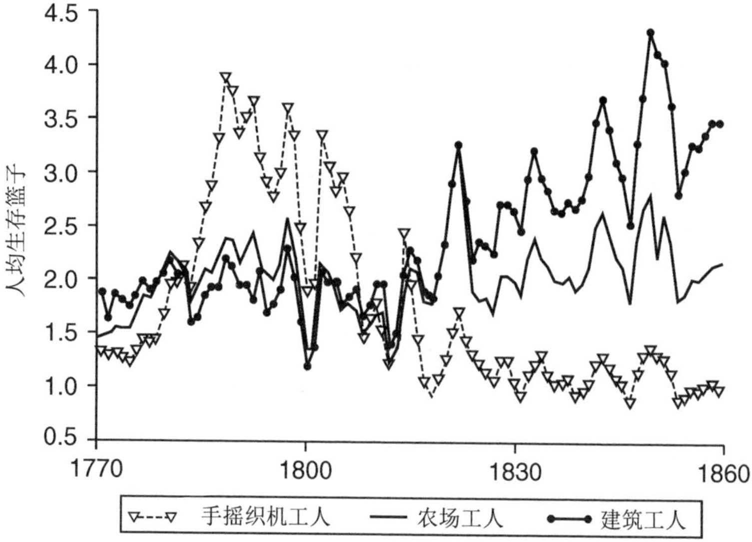


图12　兰开夏郡的实际工资

织机工人则是大输家。

1820年，手摇织机工人占男性劳动力的10%，因此他们的命运本身就具有相当大的影响。但他们并无什么与众不同之处。我们一次又一次地看到同样的故事：发明机器是为了完成以前熟练工匠用手完成的工作。即使在日益高效的机器带来的竞争压力下他们的收入下降了，拥有这些技能的人仍继续从事着他们的行业（毕竟，这是他们仅能做到的事）。他们陷入贫困，最终这种（手工）行业就消失了。框架编织和枕头花边的手工编织（的消失）就是很好的例子。

1589年，威廉·李发明了织袜子的机器。它由操作员驱动，比早期的纺纱机有更多的活动部件。它的复杂程度令人印象深刻。一个窄的框架织机每周可以生产十二双袜子，而一个宽的框架织机一天就可以生产这么多。1844年，英国大约有五万台织袜机。框架织机经过多次改进，能够织出越来越复杂的图案。

枕头花边编织是一个独立的行业。这是一种在编织者家中进行的家庭产业，养活了成千上万的妇女。

这两个行业原本是截然不同的，但随着发明者设法改进长袜框架织机，使其可以编织花边，它们的命运就开始纠缠在一起。这是一个很困难的问题，直到1809年才由约翰·希思科特解决。起初，机器编织的花边很粗糙，但随着时间的推移，制作工艺得到了改进，从而能以越来越低的成本编织出质量更好的花边。19世纪初，坐在家中垫子上的妇女们每分钟能够织出平网花边织物的五个网眼，每平方码的花边价格是一百先令。而在19世纪50年代，蒸汽动力机器每分钟可以编织四万个网眼，花边的价格跌至每平方码六便士（十进制前的英国货币）。面对这种竞争，枕头花边编织工的收入大幅下降，最终，即使是工钱最少的贫穷妇女织工也无法与机器竞争。到了1860年，90%的花边织机都是蒸汽动力驱动的。这些机器由男人们操作，他们已经成立了工会，挣了高薪。在自家农舍里做花边的妇女就这样消失了。

织长袜的男人们，命运也很不幸。学会操作织机并不难，因此那些被迫放弃手工织机等其他工作岗位的人就拥进了织袜业，压低了那里的工资收入。到了19世纪40年代，贫困成了一种地方流行病。当蒸汽工厂取代了旧的针织机后，情况才有所改善。马克·伊萨姆巴德·布鲁内尔在1816年申请了蒸汽动力针织机的专利，但并不成功。圆形纬编机在19世纪30年代被开发出来，马修·汤申德在1847年发明了舌针后开始商业化（应用）。威廉·科顿的第一个专利是在1846年申请的，在接下来的二十五年中，他又获得了六个专利。1853年，他开了一家工厂，出售针织物和针织机器。蒸汽动力工厂激增。生产率比手工劳动高得多，工资也提高了。

现代劳资双方的集体谈判也是在19世纪60年代发展起来的。

随着一项又一项活动的机械化，手工业工人的收入下降，要么是因为他们自己的行业实现了机械化，要么是因为其他行业机械化之后，其他行业的工人被迫进入了他们的行业。手工业工人的收入整体下降。直到手工业全被工厂取代后，工人阶级的平均工资才得到提高。

## 教　育

收入只是生活水平的一个指标。教育则是另一个指标。在工业革命前夕，英格兰在读写能力方面是领先者，我们在第二章已介绍过。男孩们通常要在乡村学校里待上两三年，学习阅读、写作和算术，然后再做六年的学徒。这种教育和培训体系是广泛出现机械发明的原因所在，而发明又是工业革命的基础。正如手工业工人的平均收入在工业革命早期保持不变那样，他们的平均受教育程度也没有变化：识字者的比例依然保持在50%左右。

问题在于教育与制造商的需求产生了冲突，后者需要雇用男孩和女孩干活。1830年前后，棉纺工业雇用了大约8.5万名儿童。

许多儿童是“接头工”，他们把断开的线接起来，这是一项不可缺少的基础工作。制造商可以投票，而工人不能；因此国家认为接线头工作比学校教育更重要，于是国家资助的普及教育就被推迟了。此外，英国国教担心普及教育会促进反宗教思想；他们声称提供教育的权利，但几乎没有做什么。1850年和1851年的美国和英国人口普查发现，两国的大多数年轻人都在上学。然而，美国学生都在全日制学校，而一半的英国学生只在周日上学，这是他们唯一的休息日。威特尼的毛毯制造商爱德华·厄尔利先生说“他每个星期天督导四百到五百个孩子的教育，且有超过一千个孩子每周日在学校学习阅读，周六晚上学习写作”——这是在作坊里工作整整一天之后啊！

英国的教育政策限制了英国工人的智力发展，不仅损害了英国工人，还为未来的经济发展埋下了隐患。19世纪末的新技术需要受过教育的劳动力，英国落后于德国和美国，这两个国家都有更大规模的、国家资助的教育体系。对受过教育的劳动力的需求不断增长，但直到1884—1885年通过的《第三次改革法案》——将男性的选举权比例从31%提高到63%——才克服了雇主的阻力，让教育成为比接线头更重要的事情。

## 卫生健康

几乎没有证据表明，英国的平均卫生健康状况在工业革命期间得到了改善。然而，有相当多的证据表明，就像收入情况一样，卫生健康方面的不平等日益加剧。

健康的最基本指标是生存，这是由出生时的预期寿命来衡量的。自1541年以来，每年都有预估数，它们呈现出一个没有趋势的模式，一直到1850年左右都在35岁至40岁之间波动。这样的数据不应该被解读为很少有人能活过40岁。相反，很多人活得时间更长久，但平均寿命很低，因为大约四分之一的人口在5岁之前就死亡了。（如果一半的人在1岁时就死了，另一半活到80岁，那么平均寿命就是40岁。）自1850年以来，富裕国家的预期寿命一直稳步上升，达到今天的80岁以上。然而，这些成就是在工业革命之后才取得的。

并非每个群体的经历都是一样的。由贵族阶级编制的家谱可以重新构建他们的出生率和死亡率，因而它们提供了一个重要的对比。在1540年至1740年间，贵族的平均寿命和全国平均水平区别不大——因为这一时期贵族在食物和住房上的消费都高于平均消费水平，没有额外的钱用于传染病预防；但在1740年之后，他们的预期寿命稳步增长，在1867年左右达到了60岁。他们为何拥有如此长寿命的原因尚不清楚。

其他群体就没那么幸运了。城市人口的寿命尤其糟糕。19世纪上半叶，城镇居民的平均寿命在30岁到33岁之间，而农村居民的平均寿命要多十岁。这种差异可追溯到工业革命之前。城市一直是死亡陷阱，因为人类和工业废物进入粪坑和排水沟，而（饮用）水取自水井、小溪和河流。水井被粪池污染，水传播疾病在人群中循环，导致许多人死亡。由于到处都在燃烧煤炭，空气质量很差，加剧了呼吸道疾病。此外，拥挤的环境助长了包括肺结核在内的空气传播疾病的蔓延。

这些问题直到供水和污水处理系统建成后才得以解决，而这些系统直到19世纪末才建成。

工业革命期间，居住在城市的人口越来越多，而这本身就推高了总体死亡率。居住在乡间别墅里的贵族，以及购买乡间不动产的银行家、律师和工厂主，都逃过了这些疾病。

住在城市里的工人无法逃脱，他们的孩子死了，这是他们付出的代价。

在城市化推动死亡率上升的情况下，为什么平均预期寿命在工业革命期间保持不变呢？部分原因可能是19世纪上半叶中下阶层实现了收入增长。他们是一个庞大且迅速扩大，同时也居住在城市里的群体。他们的收入比工人高，而且从1798年到1846年增长非常迅速。更多的钱可以让他们买更好的食物，租住更好的房子，这些优势可能帮助了他们抵抗传染病。在这种情况下，收入的差异就转化为生与死的差别。

对身高的研究让我们可以用不同的证据来研究健康问题。在第二章中，我们就发现18世纪末的英国工人身高是欧洲最高的。然而，在工业革命期间，英国工人的身高优势并没有保持住：英国工人的平均身高在19世纪上半叶有所下降。总体上，工人的情况确实如此，尤其是大城市的工人。这一发现与可能发生的死亡率上升是一致的。身高证据支持了一种对工业革命的悲观解释。

我们对中产阶级的身高了解较少。有一件事是肯定的，他们比下层阶级的人要高些。19世纪70年代，英国科学促进会启动了一项对英国人的身高和体重的研究。研究人员收集了大量数据，发现男女老少都存在类似的模式。例如，25岁到30岁地主阶级和专业人士阶层的男性平均身高为69英寸。职员和店主的平均身高为68英寸，而农场劳工的平均身高则降为67.5英寸；接着是城市工匠，他们的平均身高为66.5英寸。城市工厂里工人的身高最低，为65.5英寸。

上层阶级的体重也更重些。22岁的男性也有相同的级数，从上层阶级的152.8磅，到城市中下阶层的145.5磅，再到城市工匠们的138.6磅。（农场劳工的体重明显违背了这个趋势，为150.6磅。）中产阶级的身高是如何随着时间的推移而变化目前尚不清楚。

## “持续不断的创造性破坏风暴”

在工业革命期间，农民和土地所有者在国民收入中所占的份额下降了，这并不奇怪；但为什么工人落后于资本家呢？为什么有些工人比其他人做得好得多？在这些问题上有四种观点。

第一种观点认为这全是运气不好——大自然和拿破仑的缘故。从法国大革命到滑铁卢，英法战争中断了英国和欧洲大陆之间的贸易。英国的歉收推高了英国的粮食价格（参见第五章图14的峰值），由于战争，粮食的进口无法抵消粮价的上涨。高企的食品价格抵消了实际工资的增长，于是造成了穷困。英国社会不存在根本性错误：这些问题都是运气不好造成的。

这种解释存在一个不通之处，即在滑铁卢战役之后，贫困现象仍持续了很长时间。第二种观点解决了这个问题。这种观点将贫困归因于英国宪法的非民主性质。议会由绅士和贵族控制，他们利用这种权力来推进自己的利益。例如，1815年通过的《谷物法》旨在阻止进口廉价的欧洲谷物。在英国，人为造成的食品价格居高不下，是以损害工人利益为代价的。即使1832年的《改革法案》增加了商业利益在议会中的代表权，它仍然代表着富人，并颁布了像1834年《济贫法修正案》这样的立法——该法案减少了对穷人收入的支持，损害了工人的利益。在这种观点下，正是不民主的政治导致了工业革命中日益加剧的不平等。

尽管反对工人的立法可能在压制工人的生活水平方面发挥了一定作用，但当时的主要社会科学家则强调更基本的社会特征。马尔萨斯的人口理论是解释收入分配趋势的第三种方法。马尔萨斯是上层阶级的宠儿，因为他将日益扩大的不平等归咎于工人的生育习惯，而不是失败的经济和政治制度——这可能要求对它们进行改革或取而代之。马尔萨斯认为，如果收入超过生存所需，就像英国那样，那么出生率就会上升，死亡率就会下降，这会导致人口爆炸，迫使工资回到生存所需水平。贫困救济不是解决问题的办法，因为给穷人额外的钱只会推高人口增长，最终导致工资下降，直到工资加上贫困救济金等值于勉强糊口水平为止。无论经济增长有多高，实际工资从长远来看永远都不会上升，所有增长的收益都将归于拥有土地的人。

马尔萨斯人口学的影响非常大。著名的哲学家和经济学家约翰·斯图亚特·穆勒在青年时代学习了马尔萨斯的观点，这促使他直接采取了行动：1824年，18岁的穆勒因向伦敦穷人分发节育文献而被捕。

尽管马尔萨斯在19世纪被无数次引用为反对社会改革的论据，但历史记录并不支持他的理论。尽管在他之前的几个世纪里，有证据支持他的观点，但过去两个世纪的人口历史表明，人口统计学比他想象的要复杂得多。自1850年以来，关于人口最普遍的归纳是，收入的增长伴随着出生率的下降——这与马尔萨斯的预测正好相反。因此，他的理论并不是解释工业革命时期收入分配的坚实基础。

第四种观点就是卡尔·马克思的观点，他提出了另一种理论——该理论也预测，尽管经济增长，工资仍将保持在维持生计的水平。马尔萨斯研究的是劳动力供给，而马克思则专注于劳动力需求。马克思认为，技术变革会不断地使人们失业。“失业后备军”对工作的竞争将使工资维持在勉强糊口的水平。市场经济的竞争压力意味着，每个资本家都必须进行创新，否则就会在竞争对手提高生产率时被赶出局。这带来了双重结果：（1）持续的创新提高了每个工人的产出；（2）实际工资停滞不前，所有的收益都归资本家和土地拥有者所有。这些结论使马克思相信，资本主义最终将被社会主义取代，社会主义最终会让工人从经济发展中获益。

马克思在许多方面都是不准确的，尤其是他的预言。不过，他的著作也包含了有价值的见解。一些与技术有关的理论由奥裔美国经济学家约瑟夫·熊彼特在其著名的“创造性破坏”理论中得到了发展。熊彼特强调，资本主义释放出来的重要竞争，不是同一行业类似公司因为生产相同产品而存在的竞争；相反地，这种竞争来自引入全新的生产工艺和生产模式。

> 使资本主义引擎启动并运转的基本动力来自新的消费品、新的生产或运输方法、新的市场、资本主义企业创造的新的工业组织形式……国内外新市场的开拓，以及从工艺作坊和工厂到“美国钢铁”这样的企业组织发展，都说明了工业突变的过程相同……不断从内部改革经济结构，不断摧毁旧的，不断创造新的。这种“创造性破坏”的过程是资本主义的基本事实。

工业革命说明了这种动态。在工业革命之前，农舍式生产方式得到了扩展。正如我们前面介绍的那样，第一个被革新的活动是纺纱。一旦家庭手工业足够大，工资足够高，就会出现发明工厂生产模式的动机。

这种新的生产方法消灭了农舍生产模式，因为它扩展壮大并取代了农舍模式。“进步伴随着……在新商品或生产方法与之竞争的阶层中资本价值的毁灭”。“资本价值的毁灭”不仅意味着过时的纺车被扔到谷仓后面，而且还意味着拥有操作技能的妇女再也无法谋生。面对机器的竞争，他们的收入锐减。我们在第二章科茨沃尔德村庄向威特尼提供编织毛毯纱线的例子中就看到了这一点。这是英国当时的一个普遍性问题：纺纱工是大规模技术性失业的第一个例子。这些收入的损失在18世纪晚期加剧了贫困，因为许多家庭再也买不起“体面篮子”，不得不将就着吃燕麦和土豆，而不是面包和牛肉。

动力织机的情况再次让人有了似曾相识的感觉。新棉纺厂提供的廉价纱线导致了手摇织机的扩张——把纱线变成布料。随着纺织行业的扩张，织布工人的收入也在上升，这促使发明家试图通过制造动力织机来节省当前昂贵的劳动力。他们一旦成功了，手摇纺织机的织工就完蛋了。动力织机在19世纪30年代和40年代得到了改进，无情地压低了布料的价格。用机器织一码的布要比用手摇织机少用几个小时；并且通过雇用妇女代替男人们在他们的农舍里织布，进一步降低了成本。手摇织机的织工收入相应地下降了，因为他们按照所织布匹的码数获得报酬，但他们的生产率没有提高。在二十五万名手摇织机工人中，贫困加剧，他们逐渐被迫从事其他工作——他们的竞争给工资带来了下行压力。贫穷又一次与进步同时发生。

在所有的手工业中，技术都沿着同样的路线发展，由于同样的原因，并产生同样的结果。工业革命发生在英国的一个重要原因是，它在17世纪和18世纪初期发展了一个非常大的手工业制造部门。这造成了高工资经济——它又总体上推动了工厂（生产组织方式）和节省劳动力的机器的发明。生活标准得到了提高，但工人阶级的生活水平却长期滞后，那是因为手工业部门的规模太大了。很显然，当某一特定行业实现机械化时，该行业的工资收入就会下降，这种下降本身就会拉低工人的平均工资。除此之外，失业的工人在其他地方寻找工作，而他们的竞争则降低了整个经济领域的工资水平。传统制造业直到19世纪中叶才进行清算，直到那时，工资才开始普遍上涨。熊彼特分析的优点之一是，它把工业革命的两个方面结合了起来：进步是“创造性”的结果；贫穷则是“破坏性”的后果。

第五章

# 改革与民主

工业革命造成了社会紧张，带来了许多实际问题——这些问题塑造了这一时期的政治，并影响了大量的社会和文化生活。大多数评论家都是根据亚当·斯密经济学中的三阶级模型来分析社会的。每一种价格“都会立即或最终分解为相同的三个部分：租金、劳动和利润”。因此，

> 每一个国家的全部劳动年产值，从复杂的角度看，必须分解为相同的三个部分，并在该国不同的居民之间进行分配，或作为他们的劳动工资，或作为他们的股份红利，或作为他们的土地租金。

将社会分为三个阶级是一种有用的简化，但应该记住的是，所有这些群体的信仰和行动都存在异质性；而且事实上，他们的特征在工业革命的过程中不断演变。这种演变是如何发生的、何时发生的，是重要的历史问题。无论如何，足够多的地主、商人和雇员意识到他们是一个群体的成员，他们有着与其他群体利益相反的共同经济利益，这就使得三阶级模型为工业革命的政治提供

了深刻的见解。

## 1789年之前

现代制造工业在法国大革命之前就已经开始了，但它对整个经济的影响甚微。1790年，当时主要的大工厂——棉纺厂的就业人数只有八万人，占就业人口的比例不到2%。更多的工人经营自己的家庭手工业，如枕头花边编织工、织布工等。农业仍占GDP的三分之一。尽管英国在很大程度上看起来处于前工业化，但也开始出现了不利的发展——棉纺厂让大多数女性失业，她们原本是手工纺纱工，随之而来的是农村贫困加剧。此外，棉纺厂雇用的童工数量之多令人不安，这在19世纪引发了工厂监管的问题。

18世纪的经济生活是按照中世纪和伊丽莎白时代遗留下来的法律框架进行的。1266—1267年颁布的《面包和麦芽酒定价法案》等法令对食品销售进行了规范，以防止价格欺诈和投机行为，并授权地方治安法官确定价格。1562年的《技工法》授权地方治安法官确定大多数行业的工资标准。1601年的《济贫法》要求各教区教徒资助他们教区的穷人。

“我们的宪法原则是财产的体现，尽管理论上不完善，但在实践中行之有效。”在18世纪，士绅、贵族和神职人员收取的农业地租约占国民收入的六分之一，这一群体的平均收入高于资本家和工人。权力和权威的分配依据财产的分配而定。在地方一级，治安官管理着村庄，期望得到敬重。在全国层面，议会代表土地所有者。上议院是一个主要由大地主组成的世袭议院。他们还控制了下议院，那里的大部分选区都是农村地区，而许多选区都是“堕落的选区”，只有少数选民，他们的议员实际上是由拥有村庄的地主任命的。在17世纪的内战和1688年的“光荣革命”之后，议会是最高的政府机构。

地主阶级行使权力的方式存在矛盾。一方面，他们认为自己的统治是为了整个国家——每个人在议会中都有“实际上的代表”，尽管他们不能选择议员——并对穷人的福祉负有家长式的责任。另一方面，他们无法容忍王室干涉他们的事务，并利用他们的议会权力来促进自己的利益。对面包的定价、对工资的评估，以及对穷人提供救济，都对他们的利益有害，于是在工业革命期间，它们被忽视、遭到否定或稀释淡化。土地所有者也通过私人立法来巩固他们的利益，授权圈地，修建收费公路（更好的但要收费的道路）和运河，所有这些改变都提高了土地的价值。这些倡议也有利于制造业和商业利益，同样，国家在保护财产方面的积极努力也有利于制造业和商业利益，其中包括制造业在受到暴民威胁时所采取的各种法令措施。

政府的大部分开支都花在陆军和皇家海军上，这些开支被用来扩张大英帝国，推进英国在海外的商业利益。《航海法案》意味着，大英帝国的贸易和帝国所提供的市场是保留给英国商人和制造商的。虽然资本家在议会中没有很好的代表权，但他们所奉行的政策大体上符合他们的利益，因此几乎没有什么可以让资本家和土地所有者产生利益冲突的想法。

然而，劳动者与地主和企业家之间存在利益冲突。这些争议是局部的、零星的，而不是全国性的群众运动。冲突往往集中在变革（由土地所有者和商人支持）与传统的保留（由工人和小农支持）之间。民众的不满表现为地方骚乱，而不是罢工或大规模政治运动——但在工人成为城市里的工厂雇员之后，罢工或大规模政治活动就成了他们的工具。

对开阔地的圈占是一个很大的争议来源。在18世纪和19世纪初，大约五分之一的英国土地通过议会法案被圈了起来。圈地是由大地主推动的，他们希望提高佃户的租金。在征求当地意见时，“选票不是数出来的，而是要根据重要性进行权衡”，因为投票是根据每个人拥有的土地面积来计算的。议会程序允许大地主无视小地主的反对。圈地常常取消了让许多农户受益的放牧权。

虽然他们因丧失法律规定的权利而获得补偿（议会热心地捍卫大、小地主的合法权利），但许多传统行业却在没有补偿的情况下消亡了。总而言之，许多人因为圈地而成为失败者。他们反对地方长官，有时还会发起骚乱，但没有引发全国上下协调一致的反对活动——这样的活动会表明其共同利益得到广泛认可。

粮食短缺和价格高企时期，粮食引发的骚乱也很常见。这些骚乱反映了18世纪的特殊情形——（参与骚乱的）大多数人都是工人或工匠，因此他们要购买食物，他们受到高价格的伤害，而不是像耕作者那样从中获益。在控制投机、加价和囤积方面，国家监管有着悠久的传统。在粮食短缺时期，村民们采取直接行动，这通常得到了家长式的当地法官和治安官的默认支持，找到农场主和经销商储存的粮食，并迫使其以正常价格在当地市场上出售。“民众的道义经济学”与传统的家长制统治是一致的。1766年，威特尼织工威胁说，如果农民不降低玉米价格，他们就要发动起义，于是玉米价格就降低了。

破坏机器是支持传统行业的另一种直接行动方式。例如，框架织机织工对技术变革持矛盾态度。当发明可以让编织者生产出像螺纹长筒袜这样价值更高的产品时，它们受到了欢迎；但当它们威胁到就业时，它们就遭到了抵制。破坏机器也可能有其他目的，并被描述为“通过暴乱进行集体议价”。诺丁汉一波破坏机器的浪潮导致了1788年《袜子框架织机保护法案》的出台，该法案规定，破坏机器的人会被惩罚，流放到澳大利亚去。从1811年到1816年，破坏机器的行为在英格兰北部反复发生。勒德分子（以在1779年毁坏机器的内德·勒德命名）在诺丁汉毁坏机器。在对上议院的首次演讲中，拜伦勋爵解释说，对机械的攻击是（工人）对技术变革的反应：

> 因此，这些机器对他们（所有者）是有利的，因为有了机器就没必要雇用工人了，结果工人们只能挨饿。采用一个特别的框架织机，一个人完成了许多人的工作，于是过剩的工人就失业了。

拜伦的干预并没有阻止1812年《袜子框架织机破坏法案》的

通过，该法案把量刑力度提高到了死刑。破坏机器活动蔓延到西里丁和兰开夏郡的手工织机的织工，毫无疑问，他们所破坏的动力织机威胁到了他们。当机械化威胁到就业时，破坏机器行为再次出现。在1830年英格兰东部的“斯温上尉骚乱”中，农场工人毁坏了会代替他们农业工作岗位的脱粒机。勒德分子通常被认为是非理性反对进步的人；不过，即使从长远来看，手工工人也不会从动力织机的发明中受益，所以他们破坏动力织机的企图是有道理的。

## 法国大革命和拿破仑战争

当工业革命无情地破坏旧社会时，法国大革命却使舆论两极分化，并造成了各种立场明确的新挑战。法国君主政体很快就被推翻，取而代之的是一个民主共和国。国王和成千上万的贵族被斩首，封建制度被废除，一种新宗教得以确立。那时的重大问题是：英国会重蹈覆辙吗？

法国大革命在英国有很多支持者，他们相信民主会让世界更美好。起初，支持者中有很多富裕之人，但随着革命变得残忍血腥，他们的热情逐渐消退。

革命引发了支持者和批评者之间通过宣传册展开的论战。托马斯·潘恩的《人的权利》是阅读最广泛的、支持革命的小册子。它的论点不是此前未有的，但陈述得很有说服力。它对工人阶级观点的形成做出了巨大的贡献，但它还远远不是最终成品。在政治层面上，潘恩赞同这样一种观点，即人们拥有生命权和自由权等基本自然权利，并且他们始终保留有权利去推翻一个不尊重这些权利的政府。巴黎关押政治犯的巴士底狱象征着法国君主专制——这就使得大革命是合法的。

在经济层面上，潘恩同样反对贵族。他认为土地是自然的产物，应该属于每个人，而不是一小部分人。在18世纪，土地所有权被认为是独立的基础。然而，潘恩并不主张分割大地产，相反，他建议对地租征收累进税，为养老金和社会服务筹集资金。

《人的权利》可能卖出了一百万册，它在咖啡馆里得到大声朗读，更多的人听到了他的观点。普世权利、民主和地租的社会化，吸引了许多工人阶级和中产阶级的读者。它是对一个由于农业而非工业造成不平等的世界所做出的反应，因而对纺织工人和框架织机工人的吸引力不亚于工厂工人。个体手艺人倾向于共和党的观点，该观点贬低雇员为工资奴隶（他们必须按照老板的指示去做），并将个体手艺人理想化为真正自由的人：后者可以选择休息一天来庆祝“圣星期一”，而前者则不能。19世纪初，当威特尼织工从独立工匠转变为工厂雇员时，最大的雇主约翰·厄尔利就注意到，他们“不喜欢受到时间限制”。一位名叫理查德·奥斯本的织布工补充说：“有些人会在周一快中午的时候晃晃悠悠地来上班，有些人会在周二上班，还有一些人周六下午晚些时候就不上班了。”溜号旷工的工人被停职以示惩罚。对这些工人来说，理想的社会就是一个人人平等的民主社会，由独立的工匠在自由市场中经营自己的生意。

这些观点获得了广泛的支持。成立于1792年的伦敦通信协会迫切要求民主，接着各地的同行们也加入了该协会。上层阶级被吓坏了。

> 如果潘恩先生能够唤醒下层阶级，那么他们带来的干扰很可能会以无序混乱的劳动为标志，而我们现在所拥有的一切，无论是私有财产还是公共自由，都将受制于无法无天的暴民。

潘恩被指控犯有“煽动诽谤罪”（批评国王和政府），尽管他从未被逮捕，但被定罪并判处死刑。持不同政见者遭到了广泛的搜捕镇压。从1789年到1815年，报纸的印花税从1.5便士逐步提高到4便士，以使政治讨论限制在富人们之间。不经审判的拘留开始出现，许多激进分子被指控犯有刑事罪行。1799年和1800年的《联合法案》禁止工会和集体谈判。旧秩序抵御了所有的民主挑战。

## 1815—1832年

1815年，拿破仑在滑铁卢战败，带来了二十年的经济和政治不稳定。接下来的五年对工人来说非常艰难。数十万的士兵和水手的复员，导致了国民收入的下降和普遍的失业。随着爱国热情的减退和贫困的增加，对议会改革的要求也随之增加。结果导致工人阶级为争取投票权而进行了五年的斗争。

人们举行了许多群众性集会，支持要求普选权的请愿。对上层阶级来说，这似乎是一场革命的开端。请愿在1819年达到了顶峰，一场支持改革的集会在曼彻斯特城外举行，吸引了多达六万人参加。曼彻斯特义勇骑兵队袭击了人群，杀死了十一名示威者，即彼得卢屠杀（参见图13）。

政府试图利用“六部法案”来镇压民众抗议，其中就包括禁止五十人以上政治集会的《煽动集会法》。民众要求民主的运动被压制了十年。

工人阶级并不是唯一要求选举改革的人。中产阶级被贵族利己主义的一项重大法案——1815年的《谷物法》——激怒了。

在1789年到1815年间，英国和欧洲大陆之间的贸易经常受到战争和封锁的阻碍。小麦进口受到限制。图14显示了小麦价格的变化过程。

在18世纪80年代，英国的小麦价格略高于国外，但在法国战争期间，由于歉收（以尖峰显示），英国的小麦价格高于国外。正如大卫·李嘉图的地租理论所解释的那样，小麦价格高导致地租的提高，因为地租是小麦收获的价值与种植过程中产生的劳动和资本成本之间的差额。战争期间的高物价造成了普遍的贫困，不过绅士和贵族们却过得很好，因为他们的佃农为其土地支付了越来越多的钱。1815年，和平的恢复预示着小麦进口的激增，这将推动英国小麦价格回落至欧洲大陆水平。结果土地租金也随之下降。为了防止这种可能情况，议会立法对进口玉米征收高额关税。1814年，弗朗西斯·普雷斯在给詹姆斯·穆勒的信中这样写道：

Down with 'em! Chop em down
my brave boys, give them no quarter
they want to take our Beef & Pudding
from us & remember the more
you kill the less poor rates you'll
have to pay so go at it Lads show your
courage & your Loyalty

图13 彼得卢屠杀

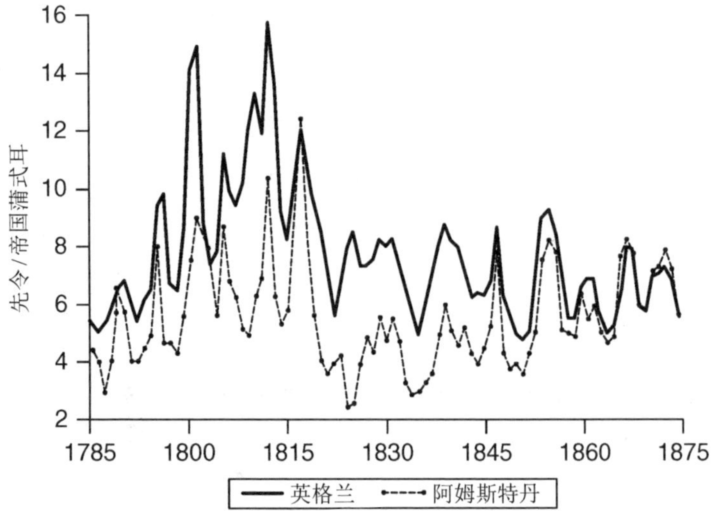


图14　1785—1875年的小麦价格

> 立法机关一定会尽其所能地来维持地租，并将不顾一切地在下一届会议上为此目的而通过一项法案。富裕的地主们除了租金的下降外什么也看不到；而且由于他们有权力，他们肯定会不计后果地去阻止它下降。

如图14所示，这种措施发挥了效用。在此后的三十年里，英国的小麦价格一直接近欧洲自由贸易港阿姆斯特丹的两倍。地主阶级的行为并不像整个社会的“实际代表”，而是以牺牲工人和资本家利益为代价来巩固自己的地位。《谷物法》使许多中产阶级相信，他们也需要选举改革。

改革是1830年选举中的一个重要论题。它开启了两年富有戏剧性的政治波折，其顶峰是1832年通过的《改革法案》。保守派的目标是分化中产阶级改革者和工人，让那些有财产的人（在议会中）有一些代表，而那些没有财产的人就没有代表。“真正的斗争不是在辉格党和托利党、自由党和非自由党以及诸如此类的各种绅士派别之间，而是在有财产的人和无财产的人之间——在自由行动和法律之间”。五十六个“堕落的”小选区被废除了，另外三十个选区失去了两个代表中的一个。解放出来的席位分配给了以前在议会中没有代表的城市及农村地区。此外，在许多地区，投票权的财产要求降低了。结果是，选民人数从四十万人扩大到六十五万人（约占成年男性的五分之一）。

商业和制造业利益集团在议会中获得了比以前更大的影响力；不过，议会仍然由乡村地主主导。工人阶级仍然缺乏投票权。

## 1832—1846年

通过扩大中产阶级在议会中的代表权，《改革法案》改变了政治局面。约翰·斯图亚特·穆勒曾说过，“无论在什么地方出现了一个上升的阶级，这个国家的道德观很大一部分都源于该阶级的利益和阶级优越感”。中产阶级崇尚企业家、自由竞争和成就奖励。为了体现这些美德，社会机构被一个接一个地重塑。在18世纪，政府职位是通过委任制产生的。根据才能优点进行任命就会产生一个更有效率、运行成本却更加低廉的政府。一开始，这种新的理想的实现以一事一例的模式开展；但在1855年成立了公务员（文官）事务委员会，以及第一次公务员考试之后，这就成了一般性政策。

通过废除英国国教，竞争被引入宗教。尽管这一目标未能实现，但是给教会提供保障的教会税率经过多次斗争后于1868年被废除了。

时间最早、影响最深远的一项改革是1834年的《济贫法修正案》。英国的救济制度是以伊丽莎白一世时期的一系列法令为基础的。大多数救济以现金或实物形式直接发放给穷人，即所谓的“户外救济”。另一种方案是在济贫院里进行“室内救济”。1723年的《济贫院测试法案》允许教区通过建立济贫院来履行他们的救济义务。任何人都可以自主进入济贫院接受救济，但这个常常以监狱为模板的济贫院设计得毫无吸引力，只有真正赤贫的人才会去。济贫院在18世纪并不常见。

《济贫法》的成本在18世纪下半叶之前一直都很稳定，然后成本开始无情地上升，随之上涨的是为其提供了资金的不动产税。其中的原因包括：人口的增长增加了劳动力的供给；圈地和农场的合并减少了劳动力需求，并让许多普通的放牧消失了；以及纺纱的机械化，让许多妇女失去了兼职工作。针对日益增长的需求，《济贫法》执行当局通过“斯宾汉姆兰”面包量表等手段为农场劳动者提供更多资助，该量表把资助与面包（上涨的）成本挂钩。马尔萨斯因主张慷慨的贫困救济导致人口增长而闻名，而人口增长只会加剧贫困问题。到了19世纪，地主和资本家们都深信，济贫制度必须改变。

斯温骚乱中对机器的破坏突显了农村贫困所蕴含着的各种

危险，并促使人们在1832年任命成立了一个“济贫法委员会”。根据它的建议就产生了1834年的《济贫法修正案》，并由此制定了所谓的《新济贫法》。它规定有劳动能力的人只能在济贫院接受救济。户外救济活动仍在继续，但规模有所减小。该法案还改变了该体系的组织方式，将教区组织成许多《济贫法》教区联盟，在当地执行《济贫法》，并成立了一个全国委员会来监督它的执行。救助穷人的成本下降了。然而，这项法律在工业领域的效果很差，因为它不是作为失业保险而设计的。

《新济贫法》因其气量狭小而遭到许多改革者的谴责，它疏远了许多工人阶级，对他们来说，旧的《济贫法》曾是在生病、年老或经济不景气时免于极度匮乏的保证。然而，《新济贫法》确实为收入规定了一个最低限度。19世纪40年代中期，爱尔兰的土豆歉收导致了饥荒，间接地表明了这一点的重要性。爱尔兰尽管是大不列颠联合王国的一部分，但它没有济贫法。如果当时有《爱尔兰济贫法》，饥荒就可以避免。

尽管《济贫法》改革把中产阶级和贵族团结在了一起，但这两个群体在那个时代最大的一次斗争，即废除《谷物法》中针锋相对。如图14所示，谷物关税造成了1815年至1846年间英国小麦的价格是荷兰小麦的两倍。对于乡绅和贵族来说，高小麦价格意味着高农田租金和高收入。由于普遍的观点认为工资处于维持生计水平，食品价格的上涨意味着要支付工人们更多的钱来购买跟他们以前同样多的食品。货币工资的上涨意味着制造成本的上涨，这降低了英国工业的竞争力。地主的利益是以损害资本家的利益为代价的。商业和制造业阶级坚决反对《谷物法》，而工人阶级则相对漠不关心。

《谷物法》自1815年颁布以来就饱受争议。亚当·斯密在1776年就此提出了自由贸易，大卫·李嘉图在1817年利用比较优势原则强化了这一逻辑。1820年，一份“商人请愿书”被提交到议会，要求废除《谷物法》，但被否决了。议员查尔斯·佩勒姆·维利尔斯从1837年到1845年每年都在议会上提出一项废除该法案的动议，但均告失败。1839年，“反谷物法联盟”成立，发起了反对这项法律的运动。理查德·科布登和约翰·布莱特成为它最有效的代言人。这个联盟是一个高效的宣传机器，它制作了无数的传单，筹集了大量的资金，派演讲者到全国各地，并让数百万人参与了它的活动。《经济学人》杂志就是在这一努力下创办的，其第一任主编沃尔特·白芝浩回忆说：“在世界历史上从未有过这样一个时代，激动的大众全神贯注地听着一个人谈论政治经济学。”

尽管维利尔斯、科布登和布莱特等中产阶级议员做出了各种努力，但他们不可能凭一己之力废除《谷物法》。下议院的大多数议员都是地主，他们也控制着上议院。保守党首相罗伯特·皮尔多年来一直反对废除该法案，但他在1846年改变了立场，支持废除该法案——表面上是作为缓解爱尔兰饥荒的一项措施。他劝说威灵顿公爵将该提案作为维持公共秩序的必要手段在上议院通过。为什么皮尔改变了主意，为什么地主议会支持他，这在学术界仍然是一个谜。然而，有些结果是显而易见的。第一，英国小麦价格突然与国外小麦价格一致起来（参见图14），但价格等级并没有急剧下降，直到19世纪70年代“美国谷物入侵”前，英国农业一直保持繁荣。第二，保守党分裂，皮尔的那一派加入了辉格党，而激进派则组成了自由党。第三，保守党在二十年的时间里都没有再掌权。废除《谷物法》是制造业利益集团的一大胜利。

但制造商并没有完全按照自己的方式获得改革成果。工人、地主阶级，甚至中产阶级都反对他们，因为他们对伴随着进步而来的贫困感到震惊。罗伯特·欧文是第一批尝试改革工厂制度的人之一，他自己就是新拉纳克工厂的老板。在19世纪的最初二十五年，他为童工引入了教育，并以合作商店的形式取代了工厂老板向员工出售定价过高的消费品的“实物工资制”。欧文支持限制工作时间的立法，并将新拉纳克的工作时间缩短到十个小时。到了1817年，他公开表明自己是一名社会主义者。

对许多工人来说，经济状况在19世纪的第二个二十五年里变得更加糟糕，因为手工业相继崩溃。持有各种不同政治观点的作家都对这些年来的不平等和物质主义感到震惊。在《时代的迹象》（1829）中，托马斯·卡莱尔谴责了普遍的贫困，他将其归因于机器生产对手工劳动的破坏。

> 如果要求我们用一个绰号来描述我们这个时代的特征，那么我们则倾向于称之为……“机械时代”……现在没有什么是直接做或者用手工来完成的；一切都是按照规则和精

> 心设计进行的……有生命的工匠被赶出他的作坊，让位于一个速度更快、没有生命的东西。梭子从织布工的手指上掉下来，掉进铁的手指里，因为铁的手指能更快地工作。

结果是国民收入的一个大增长——“人们根据既定劳动量，达到了或者可能达到了吃得更好、穿得更好、租住得更好，而且住房的所有外表都更加美好，这就让每个人都有一种感恩思想”——但事实上，收益主要累积给了富人。“财富增长越来越多，与此同时也越来越多地聚集在一起，奇怪地改变了旧的关系，并拉大了贫富之间的距离。”但是，财富的增加甚至对富人来说也不是一件好事，因为随着所有的思想都按照机器的意象进行了重新配置，他们的大脑也枯萎了。

> 男人的手、头脑和心灵都变得机械化了。他们对个人的努力，对自然力量，对任何形式的力量都失去了信任……他们的全部努力、依恋、观点全都显露出机械系统性，具有机械性特征。

这些顾虑清楚地阐释了“英国问题存在的条件”，这是卡莱尔在1839年创造的一个术语，包括本杰明·迪斯雷利、伊丽莎白·盖斯凯尔、查尔斯·金斯利和查尔斯·狄更斯在内的许多作家都曾关注过这个问题。

不过，揭露社会问题的不仅仅是富有想象力的作家。具有社会科学倾向的中产阶级改革家也做了同样的事情。中产阶级的思考通常基于边沁的“基本公理，即最大多数人的最大幸福才是对与错的衡量标准”。这通常被用来为自由经济学辩护，因为如果两个人自愿同意交换（例如，用一天的劳动换取两先令），那么双方的满意度必然会增加——同时也会增加社会的总体幸福——否则，他们为什么会同意呢？然而，如果许多这样的交易的累积效应让极少数人富足，但又使得大多数人贫穷，那么就会出现一种情形——国家把富人的收入重新分配给穷人，只要额外增加的先令能够给穷困的妇女带来的幸福多于富人损失这些钱所丧失的幸福即可。或者，如果排入河流的家庭工业废物损害了下游饮用河水的人的健康，那么国家也有理由进行干预，提供清洁的水。

沿着这些思路进行推论，就促使改革者提倡国家要采取行动限制自由市场，并为国家创造改善社会福利的空间。通常情况下，改革需要事实论据，而在19世纪的第二个二十五年里，事实论据的收集量大幅增加。其中一些工作是由国家进行的，例如扩大了十年一次的人口普查，以跟踪国家职业结构的不断变化。1837年，国家（从教会）接管了出生和死亡的登记职责。调查各种问题的特别委员会还收集了其他事实数据。非政府组织也收集了许多事实数据。成立于1833年的曼彻斯特统计学会，也许是最有名的，“旨在帮助促进制造业人口的社会进步”。各种社会报告是当时的风尚，弗里德里希·恩格斯的《1844年英国工人阶级状况》就是一个著名的例子，但它并不是唯一的例子。

工人阶级的困境为托利党创造了一个政治上的机会，而这又的确为工人们带来了一些立法上的帮助。这个问题就是工厂雇用童工问题。

在前工业化经济中，儿童被广泛雇用，许多与父母在一起，其余的作为学徒或家庭用人。然而，阿克莱特棉纺厂雇用了大量没有父母监管的儿童。依照《济贫法》成立的济贫法委员会，根据学徒合同把成千上万的孩子送到了工厂。国家长期以来一直都存在受监管的学徒安排；但在19世纪初，为此目的通过了一些针对棉纺厂无效的立法。

第一项重要的工作立法是1833年的《工厂法案》。它的起草人是迈克尔·托马斯·萨德勒。他是一名托利党议员，代表着一个堕落的选区，他相信地主阶级可以负责任地治理英国。他写了一本关于人口的书，对马尔萨斯的理论提出了质疑，他为了把《济贫法》推广到爱尔兰而努力斗争，但他反对议会改革。1831年，他接手成为议会一项法案的倡议者，将棉纺厂儿童的工作时间从十二小时缩短到九小时。他曾担任一个委员会的主席，该委员会撰写了一份关于工厂过度劳作和虐待儿童的报告，内容令人震惊；他还在议会发表了一场很有说服力的演讲，指出雇主和工人在劳动力市场上无法进行平等谈判，因此工人理应得到法律保护。尽管他所在的堕落选区根据《改革法案》被废除了，因而他在下一届选举中未能赢得席位，但他很有说服力的证据和立场逻辑使得该法案在1833年得以通过——这是减少工作日时间长度的第一步。接下来几十年的许多法案进一步缩短了工作日的时间长度，并扩大了立法的覆盖面。

作为重新定义保守党的一个步骤，萨德勒的贡献在政治上也具有重要意义。具有讽刺意味的是，保守党——传统的捍卫者，不得不常常改造自己。18世纪的政治信条，即地主阶级是社会的自然领袖，促进他们的利益是政府的首要任务，越来越多地不再与社会发展同步，所以必须要找到新的角度来论证贵族统治符合普遍的利益。工厂立法是保守党家长式作风的新诠释，萨德勒在英格兰北部被誉为儿童的捍卫者。“红色保守党”诞生了。

《大卫·科波菲尔》和1833年的《工厂法案》都还算好，但工人阶级不能依靠上层阶级来保护自己的利益。它需要的是投票权；因此就像中产阶级动员起来反对《谷物法》那样，工人们动员起来争取投票权。工人们参与了改革议会的运动——这就导致了1832年《改革法案》的产生。当他们被排除在选举权之外时，许多工人感觉受到了背叛，而像《新济贫法》这样的改革则加深了这种背叛感。工人阶级的报刊在19世纪30年代鼓动民主。1838年，由六名国会议员和六名工人领袖组成的团体制定了《人民宪章》，它明确表达了他们的要求。一名激进分子曾这样回忆道：

> 全国各地都有（激进的）社团，但严重缺乏凝聚力。有人想要投票权，有人想要成年男子选举权……激进派没有统一的目标和方法，他们几乎没有实现任何事情的希望。但

是，在制定《人民宪章》时……清晰界定了工人阶级的迫切需求，我们感到真正有了团结的纽带；因此，把我们激进的社团变成了许多地方宪章派中心。

《人民宪章》的六项要求是：（1）男性普选权；（2）无记名投票；（3）取消成为下院议员的财产资格限制；（4）为下院议员支付工资，让工人能够为之效劳；（5）选区大小规模相同；（6）举行年度选举。为支持《人民宪章》，人们组织了大规模的公众集会。1839年，《人民宪章》被提交至议会，当时有一百三十万人签署了支持《人民宪章》的请愿书，但议会投票结果是不予考虑。

作为回应，“武力”宪章派转向了暴力。他们收集武器，训练队伍。1839年，宪章派在纽波特的韦斯特盖特酒店举行游行示威，希望引发一场全国性的叛乱。在与士兵的对抗中，二十多名宪章派人士被杀，许多人受伤，其余的人逃跑了（参见图15）。

若干年间都有武装冲突发生，但他们总是被打败，头目也受到了惩罚。

抗议活动的本质仍然是和平的。在费格斯·奥康纳和他的报纸《北极星》的领导下，举行了更多的群众集会；1842年，《人民宪章》再次被送到议会，这一次有三百多万人签名，但再一次遭到拒绝。尽管对五十八位最主要的领导人的起诉失败了，但数百名宪章派人士被逮捕并判了罪。

和平宪章派继续举行抗议，武力宪章派继续进行训练。一些

图15　纽波特起义的详图

宪章派人士参加了选举，费格斯·奥康纳在1847年当选议会议员，是唯一成功竞选议员的宪章派。1848年，几十万宪章派运动者游行到伦敦，向议会提交由数百万人再次签署的《人民宪章》。国家动员了一支庞大的军队来阻止他们，但没有发生暴力对峙。议会再次驳回了请愿书。19世纪50年代，抗议活动持续进行，但一直没有成功。

## 1846—1867年

在1846年至1867年间，英国的经济形势发生了根本性的变化。如图2和方框5、方框6所示，19世纪上半叶标志性特征的工资停滞结束了，工人阶级家庭的人均消费上升了42%。在这一时期，机器生产取代了整个经济中的手工作业方法。最后，高生产率工作岗位的创造速度要快于低生产率工作岗位的消失速度。这些变化支撑了工资的上涨。

在这一时期的政治活动中，中产阶级的竞争目标和成就奖励都得到了推进。例如，随着1849年《航海法》的废除，制成品的自由贸易得以实现。工人阶级的激进主义从宪章运动转向了工会组织。这些工会更关心的是谈判获得更高的工资和更好的工作条件，而不是激进的改革。1860年，伦敦贸易委员会成立；1868年，全国工会大会成立。1867年，英国皇家工会委员会批准了这些委员会的成立，因为它们对雇主和雇员都有利，于是这些委员会在1871年获得了合法地位。然而，这些工会并没有足够数量的成员，无法解释1846年到1867年间工资的普遍上涨。

1867年发生的三件事标志着工业革命的结束。首先，马克思出版了《资本论》的第一卷，他解释了为什么尽管资本主义能带来经济增长，但它永远不会带来实际工资的增长。马克思出生于1818年，他的资本主义观点是在他20岁左右的时候形成的。当时，平均实际工资是停滞无变化的，而且手工业处于危机之中。他认为这是一种常态，并提出了一种适合那个时期的解释。其次，巴克斯特估计了1867年的国民收入，他的数据显示，在过去的二十年里，实际工资大幅上升。工资在上涨，原因是旧的手工业生产方式最终被机器生产方式所摧毁。马克思如此专注于《资本论》写作，以至于他错过了这一点。最后，未曾错过变革的一个群体就是统治阶级。随着工人实际工资的提高，他们第一次在这个系统中获得了好处。他们的政治观点从革命转向了社会民主。因此，允许他们投票是安全的。迪斯雷利是皮尔之后的首位保守党首相，他在1867年将选举权的范围扩大到熟练工人。工业革命结束了。

第六章

# 工业革命在英国之外的传播

英国的工业革命可能在1867年就结束了，但西欧和美国的工业革命才刚刚开始，而且对其他地方的人来说，工业革命则是未来的事情。图16显示了不同地区全球制造业产出的份额。

这些数据是不扎实的，特别是早期的那些数字，但伟大的工业革命十分引人注目。

1750年，最大的制造业经济体是中国和印度次大陆（今天的印度、巴基斯坦、孟加拉国）。

这些国家也是人口最多的国家，而这并非巧合。那时，大陆间的贸易中几乎不包含制成品，因此，一个地区的生产量与消费量相当。由于（地区间的）人均收入大致相似，人均制成品消费量也大致相同。因此，在人口最多的地方，制造业生产量也是最大的。由于同样的原因，英国制造业的生产量还不到世界总量的2%。

由于英国的工业革命，情况发生了巨大的变化。到1880年，英国在世界制造业中的份额达到23%的峰值。相比之下，印度和中国各自的份额都降至约2%，并在20世纪末之前一直保持在类似的低值水平。这些下降不仅是相对的，而且代表着绝对的去工业化，因为来自英国的进口产品摧毁了中国和印度本土的制造

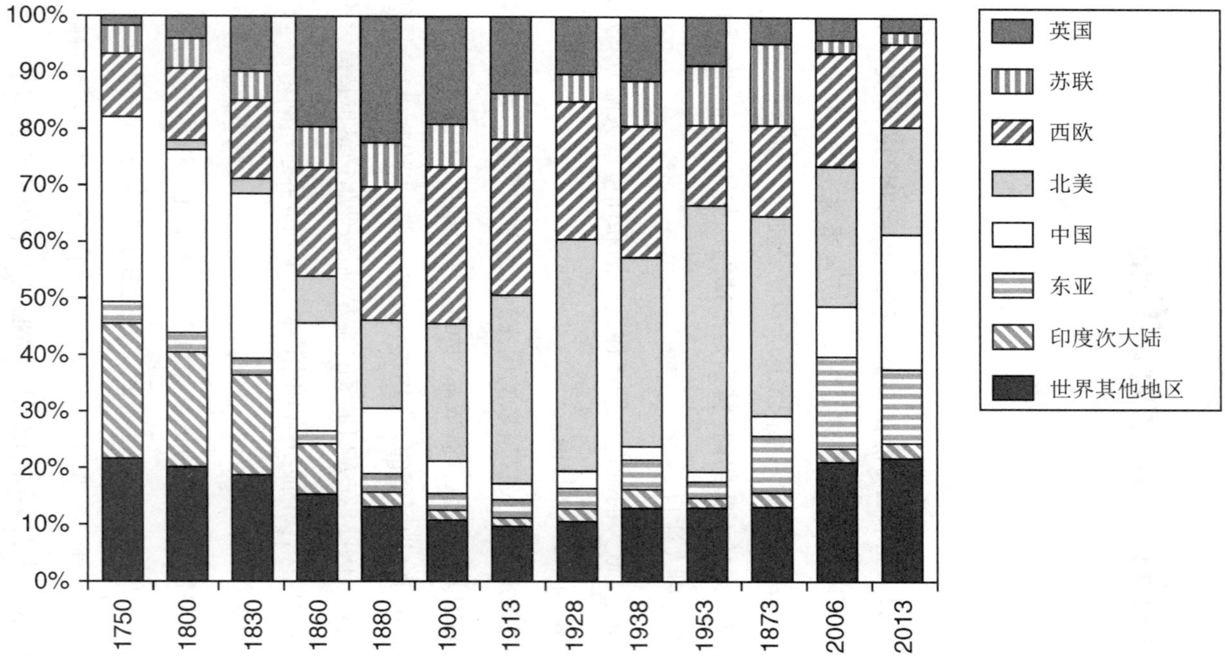


图 16　1750—2013 年世界制造业产量的份额占比

业。工业革命期间，英国制造业产出的增长是以损害“第三世界”制造业为代价的。

并非所有国家都经历过这种命运。西欧在世界制造业中所占的份额从18世纪的12%上升到1913年第二次工业革命时的28%。更引人注目的是北美的崛起，主要是美国。在18世纪，北美制造业占全球制造业的比例不到1%，到1953年达到了47%的峰值。这是一场比欧洲更伟大的工业革命。西欧和北美制造业产量的增长大幅降低了英国在世界上所占的份额。

另外两个地区在20世纪经历了工业革命。一个是苏维埃社会主义共和国联盟（苏联）的组成国家。在18世纪，俄罗斯帝国的制造业占世界制造业的5%，而在20世纪80年代，苏联的五年计划将其在制造业中的份额推高至15%。随着苏联的解体，该地区的制造业份额跌至仅3%。

在20世纪经历了快速工业发展的另外一个地区是东亚（日本、中国台湾和韩国）。在19世纪初，东亚的份额比例从4%降至2%，但之后随着日本在20世纪上半叶建立起现代工业部门，这一比例上升至5%。该地区的经济在第二次世界大战中遭到了破坏，但在20世纪50年代日本率先恢复了快速增长，随后中国台湾和韩国也开始了快速增长。到2006年，这些国家的制造业占世界制造业的17%。

最后进行工业革命的是中国，而且是最近才出现的现象。在1953年，中国制造业的份额（2%）处于历史最低水平。到1980年，这一比例已提高到5%，并在2006年持续上升至9%。随后的增长非常迅速，而且基数非常大，因此中国在2013年的份额达到了25%。中国现在是世界上最大的制造业经济体。

不过，中国的情况是个例外。尽管其他国家的快速增长令人兴奋，但它们在制造业产量中所占的份额并没有提高。例如，印度次大陆1973年生产了全球2%的制成品，而2013年仅生产3%的制成品。包括拉丁美洲、非洲、中东、东欧大部分地区、东南亚、澳大利亚和新西兰在内的“世界其他地区”，成功地将其在全球制造业中的比重从1973年的13%提高到2013年的21%。这一进步并不是说不重要，但它与所讨论的工业革命进步类型不同。

因此，这就存在一个重大的历史问题：为什么有的国家有工业革命，而有的国家却没有？

## 全球化与技术：去工业化经济学

英国工业革命与之后的一切工业革命都不同，有两个原因。

首先，英国工业革命不是预先设计好的；事实上，这在发生之前是无法想象的。所有后来的工业革命都是基于这样的判断进行计划的，即各国希望所采取的各项政策能带来工业发展。

其次，所有随后的工业革命都不得不与一个工业大国抗衡——大国以极低成本出口许多它们希望生产的制成品。想要成为工业化国家就不得不以某种方式迎接这个挑战。事实上，它们的处境更加悲惨。一个未能应对英国挑战的国家不仅仅是止步不前，而且还落后了；换句话说，它被去工业化了。

这种经济情况在去工业化最早的一个案例中就非常清楚，即

19世纪初的印度。

英国工业革命发生在一个日益全球化的世界。从欧洲到印度的海上航线的建立降低了实际的航运成本，使不同的东印度公司有可能从印度出口棉布到欧洲获利。英国生产商试图仿制这些布料。

由于英国的工资远高于印度，英国的生产商不得不发明节省劳动力的机器来销售除最粗的纱线以外的任何产品。纺纱机极大地提高了英国在棉纺行业的竞争力，却没有给印度乃至欧洲大陆的生产商带来任何好处，因为他们那里的工资太低，购买机器得不偿失。有了机器，在英国生产棉布比在印度生产棉布相对便宜，而在以前，情况正好相反。根据比较优势理论预测，英国大概会增加棉布出口，印度则会进口棉布而不是出口棉布。换句话说，英国会实现工业化，而印度则会去工业化。当然，发生的事实就是这样。

比较优势的论点是抽象的。我们可以通过研究英国和印度的价格演变来了解动机是如何变化的。18世纪末，英国和印度布料在英国的价格都远远高于印度布料在印度的价格，这就是印度向英国出口的原因。然而，到了1820年，由于技术进步降低了英国的生产成本，这两种布料的价格在英国急剧下降，而英格兰和苏格兰布料价格的下降也拉低了印度布料的价格。

到1820年，英国布料的价格已经低于印度布料在印度的价格。随着印度布料出口的停止，贸易结构发生了逆转，于是印度开始进口英国布料。其结果是印度的去工业化，这使印度总督威廉·本廷克说出了他的名言："棉织工的骨头使得印度的平原变成了白茫茫一片。"

印度的比较优势从制造业转移到了农业，这种变化体现在原棉价格上。19世纪初，利物浦的原棉价格远高于古吉拉特邦。随着运输成本的下降（全球化在起作用！），这一差距缩小了，印度棉花的实际价格缓慢上涨。价格上涨导致了种植和出口的增加。那个时代的人都清楚潜在的经济学原理。英国下院议员约翰·布罗克赫斯特在1840年断言："印度的纺织业已经遭到破坏……印度现在是一个农业国家而不是制造业国家，以前从事制造业的队伍现在都被吸引到了农业中去了。"

印度棉花制造业的历史是19世纪亚洲和非洲历史的一个缩影。到了20世纪，他们的制造业已经被来自英国以及后来的西欧和美国的工厂竞争摧毁了。亚洲和非洲的经济重新调整方向，生产并出口农产品。当发展经济学家在20世纪60年代调查这些地区时，他们认为这种经济结构是"传统的"。它绝对不是（传统的）。"不发达国家"是在20世纪被制造出来的，并非是天生的。它们是19世纪全球化和西方工业化的产物。

## 19世纪的追赶：美国的标准模式

首先一个问题是，为什么同样的命运没有降临到西欧和美国。答案是，它们遵循了一系列政策，这些政策就包括19世纪经济发展的标准模式。这个模式是在美国发展起来的，因为经济发展问题对这个新"共和国"来说非常紧迫。在殖民时期，美国实际上与英国建立了自由贸易联盟，出口农产品，进口制成品。美国从一开始就被去工业化了。它是怎样打破这一局面的呢？

解决方案的第一步，是建立一个有足够权力采取行动的政府。18世纪80年代，各州结成松散的联邦，权力有限。1790年生效的美国宪法旨在创建一个强大到足以发展国家的全国性政府。宪法本身就是朝这个方向迈出的第一步，它废除了各州之间相互征收的关税，创造了一个巨大的国内市场。美国首任财政部长亚历山大·汉密尔顿在其著名的《制造业报告》（1791）中概括的政策最终被采纳了，包括改善交通以整合国内市场；建立一个国家银行稳定货币并保证投资信贷；以及建立一项保护美国工业免受英国竞争的关税。这些政策被美国参议员亨利·克莱称为“美国制度”，它们构成了标准模式四个要素中的三个。

最后一个要素是大众教育。美国白人在殖民时期接受了很好的教育，新共和国的学校体系得到了加强。19世纪30年代促成公立学校体系建立的“公学运动”，强调通过为工业就业做好准备的方式同化吸收大量移民。通过废除内部关税和建设交通基础设施来创建一个全国性市场；建立一个银行业务体系以促进投资；设立关税以保护工业免受英国竞争；创办大众教育，在人口方面为商业经济做好准备——所有这些措施都成为19世纪经济发展的标准模式。

该标准模式在《宪法》生效后不久就付诸实施了。

1811年至1816年，联邦政府修建了许多公路，比如连接东海岸和中西部的坎伯兰公路；1817年至1825年，纽约州在哈德逊河和五大湖之间修建了伊利运河。美国第一银行和第二银行分别于1796年和1816年特许成立。那一年，美国还设立了保护性关税，以应对欧洲的和平（带来的竞争压力）——因为此前几十年的战争为美国制造业提供了一些保护。

尽管美国银行最终在19世纪30年代被安德鲁·杰克逊总统摧毁，但标准模式的其他要素却得到反复的肯定。各种运河、公路、铁路、机场、高速公路和超级高速公路，一直都是由政府修建或得到政府支持的。教育体系得到持续扩大。美国一直维持着高关税，这在19世纪上半叶颇有争议；直到20世纪60年代，美国在制造业方面如此卓越，以至于贸易自由化似乎是一种比保护主义更能确保市场的方法。

美国就是在这种政策背景下实现工业化的。一旦政策参数到位，工业化就不再困难了。美国的工资非常高，这意味着英国的工厂技术适合美国。技术转移从一开始就毫不费力。到了20世纪，美国成为世界上高工资经济体和重要的技术创造者。美国发明的东西契合它的环境。需要改变美国的技术适应自己环境而遇到困难的，则是其他国家。

## 欧洲的标准模式

欧洲大陆的情况不同。在工业革命的早期，由于法国和德国的劳动力相对于资本来说比英国更便宜，使用英国技术得不偿失。因此，西欧的手工技术比英国的工厂技术更具有成本效益。西欧有重蹈印度覆辙的危险。

直到1815年拿破仑战败后，欧洲才开始发展制造业。不过，拿破仑通过在欧洲各地推广法国大革命的各项改革，为之奠定了基础。这些改革措施包括废除农奴制、没收修道院财产、建立新的法律制度（《拿破仑法典》）、所有公民在法律面前都是平等的、废除国内关税、税收制度现代化、扩大教育范围、促进科学和学习。法国人将这些变革强加于他们所统治的地方，并且像普鲁士等被打败但仍保持独立的其他一些国家也自行采用了这些变革措施。

除了法律上的改变，工厂纺纱和蒸汽动力的商业前景比18世纪80年代要光明得多，因为英国工程师一直在忙着提高机器的效率。随着现代技术生产效率的提高，无论劳动力有多便宜，它的生产成本都比手工作业方法要低廉。滑铁卢战役之后，西欧达到了那个临界点。棉纺行业的发展非常迅速。在18世纪60年代，手工纺纱每1 000个纺锤需要2 500名工人。到18世纪80年代，阿克莱特的纺纱厂将工人减少到大约90人，而到了19世纪20年代，英国纺纱厂每1 000个纺锤只需雇用16名工人。不过，培训劳动力需要时间，所以19世纪30年代新建的法国纺纱厂雇用的工人就比英国纺纱厂要多——每1 000个纺锤雇用24名工人——即使当时他们使用的是现代机器。这些纺纱厂足够好，生产成本要比使用纺车的妇女低一些，但其效率还不足以在自由贸易环境下与英国进口的产品竞争。德国的情况也是如此。怎么办呢？

关税显然是必要的，但光靠关税是不够的。需要整套标准模式。这通过弗里德里希·李斯特的《政治经济学的国民体系》

（1841）在欧洲实现了普及。李斯特是19世纪20年代末美国的一名政治难民，受到亚历山大·汉密尔顿及其政策结果的影响。德国是美国体系在欧洲的一个很好例证。类似的政策也在法国和其他国家推行。维也纳会议使德国在1815年分裂成三十八个邦国。普鲁士是最大的邦国，它的领土分散在德国各地。为了促进各地区之间的贸易，1815年，它倡议与领土交叉的邦国建立关税同盟。在接下来的几十年里，更多的邦国加入了关税同盟，于是关税同盟在1871年就变成了德意志帝国的根基。关税同盟不仅通过废除德国境内的通行费创造了一个巨大的国内市场，而且德国企业在自我创建时就设立起一道高高的关税壁垒，将英国商品拒之门外。

德国也要遵循其他必要条件行事。在交通运输方面的投资加强了全国市场。德国建成的第一条铁路只比英国的第一条铁路晚了五年，而且到了1913年，铁路通车里程达到了6.3万公里。19世纪50年代到70年代，德国成立了许多庞大的投资银行，这些银行将资本汇聚到工业发展之中。最后，德国建立了全民教育体系。这是在18世纪腓特烈大帝时期开始的。事实上，美国的“公学运动”就是在模仿普鲁士学校制度。

1870年以后，德国的经济发展非常迅速。开创了一批新兴工业——钢铁、化工、电力和汽车只是其中最著名的。这些新兴工业中的许多都有科学基础，而德国在这些方面表现突出。从小学到技术高中，再到大学，德国的教育体系比英国的教育体系更现代化，而英国的教育体系因其不民主的宪法而受到了限制。例如，在1884年的《第三次改革法案》将公民选举权扩展到60%的男性之后，英国才普及初等教育。

## 边缘地带的标准模式

标准模式也在边缘地带国家进行了尝试，不过，成功与否结果不一。墨西哥的努力是三心二意的。在19世纪30年代，它采用了保护性关税，收益被用来给一家小型投资银行提供资金。成效是有了三十五家棉纺厂。各州的关税被保留了下来，因此没有建立全国性的市场，教育也被忽视了。波菲里奥·迪亚兹（1877—1911）的独裁统治更有魄力。取消了内部关税，并修建了铁路，以建立一个全国性市场。这个国家依靠的不是银行，而是外国投资带来资本和先进技术。大众教育依然遭到忽视。其结果是，更多的工业发展建立在依赖外资工厂和外国管理人员的基础上，墨西哥人做着不体面的粗活。由此产生的经济增长速度不足以收紧劳动力市场，因此实际工资停滞不前，增长带来的所有收益都流向了富人，于是这个政权在1911年的革命中倒塌了。

俄国的情况也类似。1870年到第一次世界大战期间，俄国建立了一个庞大的铁路网来开发本国的偏远地区，并将这些地区与工业中心地带以及主要港口连接起来。投资银行并不成功，所以资本由国家提供，而且就像墨西哥一样依赖外国投资。俄国人比墨西哥人更积极地追求教育。结果造成农业生产的扩大和重工业部门的创建，但这一部门的规模不足以改变经济。就像墨西哥一样，由此引发的增长不足以收紧劳动力市场，因此实际工资水平落后。1917年，俄国发生了革命。

在中东和亚洲，标准模式的应用受到了帝国主义的限制。第一次推动工业化的尝试来自穆罕默德·阿里，他在1811年夺取了埃及的控制权，并试图把它变成一个现代国家。他把土地收归国有，并把它分成小农场。他建立了贸易垄断，从农民那里购买农作物，然后转售到城市和国外。支付给农民的报酬很少，出口收益被用于资助纺织厂和军工厂，以及穆罕默德·阿里的现代化军队。许多埃及人在欧洲和国内接受教育，但大众教育被忽视了。在埃及还是奥斯曼帝国一个省的时候，穆罕默德·阿里的军队从上级统治者——奥斯曼苏丹手中夺取了巴勒斯坦和叙利亚。当埃及人打败奥斯曼人并威胁到伊斯坦布尔时，欧洲列强介入了，迫使穆罕默德·阿里放弃了他的主张，并裁减他的军队。1838年，英国和奥斯曼苏丹签署了《英土公约》，禁止奥斯曼帝国内部实施的各种垄断，从而也消除了穆罕默德·阿里现代化计划的财政基础。由国家主导的工业化发展第一次试验结束了。

印度的民族主义者本想采用这种标准模式，但未能做到。关税保持在较低水平，而且全然是以税收为目的。没有设立投资银行。19世纪末，印度修建了铁路网，但铺设的目的是部署军队进行平叛，并将农业区与港口连接起来，以促进农业出口。修建铁路本是良机，却被错失。像美国、德国、俄国和日本这样的国家都利用铁路建设作为扩大他们的铁、钢和工程工业的机会，但在印度，所有的机车、轨道车辆和铁轨都是从英国进口的。大众教育也被忽视了。孟买建起了棉纱纺织厂，加尔各答建起了黄麻纺织厂。这些产业都有国际影响力，但规模太小，不足以改变整个印度。

日本原来也想采用标准模式，但它的努力也受到了帝国主义的阻碍。然而，与印度不同的是，日本依然保持独立状态，这给了它更多的回旋余地。从17世纪60年代开始，日本几乎完全与世隔绝。19世纪初，欧洲列强迫使亚洲各帝国按照《英土公约》的方式达成贸易协定。以日本为例，美国人起了带头作用，1853年海军准将佩里驶进横滨港，要求日本结束闭关状态，允许对外贸易。日本在军事上过于疲弱，无法拒绝，随后开始努力让国家变得强大。政治上的突破发生在1867年明治天皇即位之时。实际统治这个国家的德川幕府（通过大政奉还）把权力交给了天皇，天皇（也在王政复古后）接管了整个国家。这不是一个王朝的传承，而是维新人士发动的一场实质上的政变，他们开始改造这个国家。经济、政治和社会生活的大多数方面都得到了革新。

明治政府的目标是通过采用发达国家的现代化技术来强推工业革命。日本追求的是一种标准模式的变体。第一，通过废除国内关税和修建铁路系统，日本建立了全国市场。

第二，建立了全民教育体系。第三，逐步发展建立了一个银行业务体系，尽管投资银行到20世纪20年代才成功运营。与此同时，国家扮演风险资本家的角色。第四，1866年，帝国主义列强迫使日本签订了一项贸易条约，将进口关税限制在5%以内。关税不能用来促进工业发展。取而代之的是，国家挑选那些“优胜者”并直接补贴它想要提升的那些公司。这种做法演变成“有针对性的工业政策”。各种关税限制分别在1894年和1911年到期，这时日本也开始利用关税来促进工业发展。日本的工业化始于19世纪的丝绸和棉织品等消费品，并在20世纪初扩展到钢铁、汽车、船舶、电气设备和飞机。

尽管日本可以利用补贴和后来的关税来促进工业发展，但这些政策工具本身并不能保证采用先进技术。问题在于日本的工资非常低，所以手工作业方法通常比资本密集型技术更有成本效益。为了解决这个问题，日本巧妙地重新设计了设备和工厂的运营方式，降低了资本密集度。发生在棉纺行业的一个特别简单的改变是，将工厂的工作时间改为每天两班，每班十一小时；而不是像其他地方的标准那样，每天只有一个班次。资本的成本减少至一半。到了1940年，日本已经发展出足够发达的工业经济，于是它认为自己能够在太平洋战争中打败美国和英国。

日本的成功突显了成功发展的一个重要先决条件，即一个国家要有能力制定目标并且有行政能力实现这些目标。例如，1886年，日本政府决定建立一个全民小学教育体系。这是一项雄心勃勃的目标，花了几十年时间才实现。

日本的行政和技术能力在明治维新之前就很明显；而且，事实上，若没有这些，彻底的改革可能不会发生。因此，当1808年英国皇家海军护卫舰“菲顿号”进入长崎港攻打荷兰贸易站时，长崎的日本人因没有铁炮而无法自卫。当地的奉行任命了一个由工匠和学者组成的团队，他们翻译了一本描述位于莱顿的一家（过时的）铸造厂的荷兰书籍，并设法仿建了一个铸造厂。到了

1854年，他们不仅铸造大炮，而且还仿制了从英国进口的现代后膛装填式“阿姆斯特朗”大炮。1868年明治维新所需的先决条件就是，要有像长崎奉行这样致力于国家现代化的先锋。

在这方面，日本可能是独一无二的。其他国家受到政治和文化结构的阻碍，无法采取类似的战略。在19世纪，中国受到帝国主义入侵的困扰，并遭到太平天国叛乱的破坏——它最终被崛起的地方军阀剿灭，但以牺牲中央政府的利益为代价。通过制度现代化来富国图强的建议被保守派势力击败或瓦解，因为保守派的地位受到社会变革的威胁。必须要把他们肃清，发展才能进行；而1912年清政府被推翻就是朝这个方向迈出的一步。在其他国家，文化特征起到了类似的作用。自1798年拿破仑入侵埃及以来，困扰阿拉伯知识分子、让人争论不休的一个问题是，伊斯兰教在多大程度上促进或阻碍了经济发展；如果是后者（阻碍发展），那么应如何对其进行修正以促进发展。

## 大力推进工业化和发展型国家

在20世纪，工业化的优势比以前更大了；但出于同样的原因，挑战也变得更加严峻。新技术需要研究和开发，而世界上大多数的研究和开发是在少数最富裕的经济体中进行的。他们的努力方向集中在解决他们所面临的问题上，所以新技术是根据他们的情况量身定制的。随着时间的推移，他们的工资提高了，劳动力的受教育程度也提高了。富裕国家发明了技术，以充分利用劳动力的这些特点。新技术的资本密集程度更高，提高了单个劳动力的产量。最终，更高的生产率转化为更高的工资。一旦一个发达经济体转向更高的资本劳动比，它的研发努力就会致力于进一步提高这一比率。因此，这是一种螺旋式上升的进步——高工资导致新技术的出现，新技术进一步提高了单个工人的产量和资本劳动比，而这又反过来导致工资再次上涨。这一过程一直持续到20世纪末，这时螺旋形上升的趋势被打破，即使技术取得了进步，实际工资也停滞不前。

一旦发达国家从低资本劳动比转向高资本劳动比，就没有哪个国家（除了一开始的日本）再去进一步研发那些改善低资本劳动比的技术。即使在低工资国家，一些现代技术也具有成本效益，但并非所有技术都是如此。其中一些技术证明过于资本密集，因此过去较低的资本劳动比才是合适的。

从这个角度来看，许多贫穷国家能够进行国际竞争的一个行业就是服装生产业，这一点也不奇怪。这里的关键技术是缝纫机。踏板机是在1850年左右发明的，电动缝纫机是在1889年发明的。19世纪的技术是在工资低得多的时候发明的，在今天的贫穷国家，它仍然是实现成本最小化的选择。对贫穷国家来说，实现高工资和高生活水平所需要的先进技术得不偿失，因为他们的工资和生活水平太低了。他们陷入了贫困陷阱。

为了避免这种命运，各国政府在20世纪采取了更多的干预政策，而不仅仅是提高关税。苏联就是一个极端的例子。在其制度下，所有的公司都是国有的，盈利能力在他们的经营中是不被考虑的。中央计划人员为经济和每个公司设定产出目标，经理们若实现这些目标就会得到奖励，而不用考虑成本。1928年第一个五年计划开始时，大部分人口从事农业生产，未能充分就业，因此强烈需要建立资本储备。事实证明，中央计划在这方面是有效的，直至20世纪80年代实现充分就业之前，GDP都在快速增长。在此期间，苏联在世界制造业中的份额从5%上升到15%。为了继续增长，必须关闭效率低下的工厂，将工人转移到生产效率更高的企业。强调产量增加但又忽视成本的一面，这是不可能做到的。为克服这一问题，戈尔巴乔夫总统取消了计划机构，引入了市场模式来克服这个问题，但是苏联在这些变革见效之前就解体了。此后，制造业产量直线下降。转向"市场"并非成功的保证。

拉丁美洲沿用了一种不那么极端、聚焦"发展型国家"的模式。拉丁美洲保留了市场体制，与此同时国家全面实施标准模式，并采用计划和社会化企业方式对该模式进行补充。关税很高，基础设施得到建设，国家开发银行对私人投资进行补充，并且首次几乎全面实现了普及教育。

这些举措成败参半。一方面，它们带来了相当大的发展、城市化和制造能力的增长。另一方面，增长速度仍不足以赶上西方，工业生产率也很低。这是由于存在一个根本性的问题：大多数拉丁美洲的市场太小，企业无法实现规模经济。阿根廷就是一个很好的例子。20世纪60年代，汽车组装工厂的最小有效规模为每年20万辆，而发动机和变速器工厂的最小有效规模为每年100万辆。那时世界上只有7家公司——福特、通用汽车、克莱斯勒、丰田、菲亚特、雷诺和大众——的年产量超过100万辆汽车。

1959年，阿根廷出台了一项规定，要求在该国销售的汽车价值的90%必须由当地制造。然而在当时，阿根廷市场每年只有5万辆汽车。尽管这个市场在1965年增长到19.5万辆，但对于阿根廷的公司来说，这个市场还是太小了，难以达到最小有效规模。因此，阿根廷的汽车生产率仅为主要经济体的40%。规模问题在拉丁美洲的制造业中普遍存在，由此引发的低生产率导致该地区的经济表现不佳。

拉丁美洲、1947年独立后的印度和其他地方的发展型国家的糟糕表现，让许多国家将发展的希望从国家干预转向“自由市场”。这种方式可用所谓的“华盛顿共识”予以概括，即稳定、自由化和私有化三者的统一。

宏观经济稳定应该可以增加投资，而以废除关税和配额为手段的贸易自由化，以及国有企业和机构的私有化则可以提高竞争性。私有化和自由化从一系列相关争论中得到了很大的支持——这种争论认为，企业之间的竞争是高生产率的源泉，因为只有高效率的公司才能在竞争环境中生存下来。国家保护主义和贸易障碍可能会由于保护低效企业免受竞争而降低了效率。国际货币基金组织一直特别积极地按照新自由主义方法对其贷款国进行结构重组。虽然新自由主义的支持者可以找出一些有利的结果——智利的情况就经常被引用，但华盛顿共识远算不上是绝对的成功。

标准模式在1950年之后不如一个世纪前那么有效，其中一个潜在原因就是技术的发展。在19世纪中叶，一个有效率的工厂规模要比现在小得多。例如，在19世纪50年代，一座高效的高炉每年生产5 000吨铁轨，而轧钢厂的最小有效规模是每年生产1.5万吨铁轨。美国那时年消耗大约80万吨生铁和40万吨铁轨，所以在这个国家可能有许多有效规模的轧钢厂。即使消费者受到高价格的影响，高关税政策并没有造成低效率的产业结构。20世纪下半叶的情况则大不相同。

第二次世界大战后，日本采用了另一种更为成功的发展型国家模式，将该国变成了一个制造业大国。战时的破坏是彻底的。钢铁产量从1943年峰值的770万吨下降到1945年的50万吨，然后在1950年又回升到500万吨。当时，一家钢铁厂的最小有效规模是100万吨至300万吨，但大多数日本钢铁厂规模较小，导致日本的钢铁生产成本比美国高出50%。日本经济接受通商产业省的监管，于是它就对钢铁业进行了重组，以建立更大的钢铁厂。因此，日本逆转了明治时代的技术政策——那时要对国外技术进行重新设计，以适应日本的要素价格。与此相反的是，他们的目标变成了要尽可能地安装使用最先进的技术，然后等待要素价格追上来。到了20世纪60年代，一家钢铁厂的最小有效规模达到了700万吨，于是日本就在市郊绿地上建造了如此大规模的钢铁厂。

在汽车生产、造船、电子产品和耐用消费品领域，日本也做出了类似的选择。

谁来买下所有这些产品呢？其中很大一部分出口到了美国。日本受益于战后时期的两个特征。首先，美国是世界上卓越的制造业国家，并认为打开外国市场更符合美国的利益，因此，放弃了始于1816年的高关税政策，转而支持贸易自由化。其次，日本在冷战期间特别受（美国）青睐。美国将日本视为其在东亚对抗共产主义的前哨，这给了日本更多的空间向美国出口。以出口为导向的日本工业意味着它必须与高效的外国生产商竞争，而这些竞争压力有助提高日本的生产率。美国市场的准入解决了日本工业的规模问题，并支撑了它引人注目的制造业繁荣。美国铁锈地带的崩溃则是东亚奇迹的反面。

虽然美国市场至关重要，但它也无法全部消化日本所有的制造业产出。国内市场也必须扩大。日本大企业的雇佣实践起到了很大的作用。工龄工资、终身雇佣制和公司工会意味着日本工人挣得了高工资，可以购买没有出口的汽车和音响。随着劳动力市场的收紧，为主要企业提供服务的边缘小公司的工资也在上涨。在1950年到1990年之间，日本的实际工资迅速增长，带来了西式的繁荣，并证实所做的技术选择有效。

中国目前正处于工业革命之中。中国共产党在1949年取得革命胜利后，建立了苏联式的中央计划体制。20世纪60年代和70年代建立了一些基础产业——钢产量从1950年的100万吨增长到1978年的3 200万吨，但经济增长速度并不突出，在1953年到1980年间，中国在世界制造业的份额仅从2%增加至5%。

中国的经济增长率在20世纪80年代有所提高，这通常被归因于1978年推出的以市场为导向的改革。到目前为止，就制造业而言，第一个重大改革是指示乡村干部建立乡镇企业，生产消费品，然后在自由市场上出售。中国农民传统上从事副业，而乡镇企业是对这种副业生产能力进行社会主义激活。由于计划人员过去一直强调重工业的发展，造成消费品严重短缺，而乡镇企业就满足了这种需求。1978年到1996年，乡镇企业就业人数从2 800万人增加到1.35亿人，而他们对GDP的贡献率从6%上升到26%。市场关系引入重工业部门是在20世纪80年代，那时计划采购目标被冻结，而产量的增加部分都在市场上出售。1992年，中国共产党第十四次全国代表大会决定，改革的目标是建立社会主义市场经济体制。

头脑中有了这个目标，中国工业已经进行了重塑。

企业的组织形式是公司，而不是行政部门。资本投资是由公司而不是计划机构实施，投资由银行提供资金。有各种市场进行产品、材料和劳动力的买卖。价格随供求关系而变化，公司盈利或亏损，不能取得成功的公司就会倒闭。在某些领域，外国公司与中国公司一起竞争。

这看起来像资本主义，但真的是资本主义吗？许多银行和公司是国有的，特别是在重点领域，不允许私人公司涉足。国家仍在制定各种五年计划。国家计划委员会已经被国家发展和改革委员会取代，国家发展和改革委员会仍然负责设定目标并对企业进行监督。比如，以钢铁行业为例，主要的公司都是国有的，并且都由国有银行提供资金。该行业有一种五年计划，其中规定了产能、工厂选址、合并和收购。为了避免向供应大量铁矿石的外国矿业公司支付高价，目前的计划呼吁淘汰小型企业，以使该行业内部更容易沟通协作；中国政府正在购买外国供应商的股份。从2000年到2013年，中国钢铁产量从1.27亿吨（占世界总产量的15%）增长到8.23亿吨（占世界总产量的50%）。在此期间，几乎所有世界产量的增长都是由中国产量的扩大带来的。成功要归功于社会主义市场的计划，而不是传统的资本主义。计划——现在通过市场发挥作用，也指导了其他重要产业的发展，如光伏产品、高铁等。

在其他方面，经济是由计划来指导的。基础设施和教育（标准模式涉及的两个重要领域）由国家直接控制。在选择影响市场的宏观经济变量时要考虑到发展目标。汇率被有意低估。这产生的效果，既可作为保护中国公司的关税，又可作为出口补贴以提高外国对其产品的需求。当前的计划举措旨在扩大内需，使经济摆脱对出口的依赖，并迅速提高生活水平。

将中国与苏联进行比较具有启发意义。中国保留了中央计划中的有效部分，扬弃了那些被证明是适得其反的部分。计划投资是苏联体制中运行良好的一个部分。在20世纪30年代，指导企业制定产出目标且不计成本的做法可以说是有成效的，但到了20世纪80年代却起了反作用。中国的改革已经用社会主义市场取代了目标和软预算约束。许多投资依然要进行计划。

将竞争与计划相结合，或许能让中国摆脱苏联共产主义的各种矛盾。

## 工业革命的未来

工业革命有未来吗？没有哪个大国是在不进行工业化的情

况下走向富裕的。许多国家仍然贫穷，所以我们可能也希望它们实现工业化。中国现在正成为廉价制成品的来源地；因此，未来的工业化国家将不得不与之竞争，就像过去的每一个工业化国家都不得不与它的“前辈”国家竞争一样——比如，美国与英国竞争、日本与美国竞争等。

工业革命从一个贫穷国家传播到另一个贫穷国家，也会对富裕国家产生影响。随着一个新兴工业国家的出现，发达国家会发现它们无法与它的廉价产品竞争。结果，富裕国家的工业部门就萎缩了，它们的经济变得更加以服务业为导向。

哪个国家会继中国之后进行下一次工业革命？静待历史的回答……

# 出版者致谢

我们非常感谢获准在本书中使用以下版权材料。

罗伯特·C. 艾伦的《技术》一文的摘录，收录于罗德里克·弗洛德、简·汉弗莱斯和保罗·约翰逊编，《剑桥现代英国经济史》第二版（剑桥：剑桥大学出版社，2014）。版权属剑桥大学出版社，经许可转载。

出版商和作者在出版前已尽一切努力与所有版权所有者联系。如果得到通知，出版者将尽力尽快纠正任何错误或遗漏。

# 译名对照表

## A

agricultural, urban and rural populations 农耕（农业）、城市和乡村人口
agricultural revolution 农业革命
agriculture, capitalist 农业，资本家
Allen, Robert 罗伯特・艾伦
America, manufacturing 美国，制造业
Anti-Corn Law League "反谷物法联盟"
Argentina 阿根廷
Arkwright, Richard 理查德・阿克莱特
artisans 工匠
Atlantic economy 大西洋经济（体）

## B

Bagehot, Walter 沃尔特・白芝浩
bare bones subsistence basket 仅够维持生存的篮子
baskets, as measures of economy 作为衡量经济的篮子
Bastille prison 巴士底监狱
Baxter, Dudley 达德利・巴克斯特
Bentham, Jeremy 杰里米・边沁
Bentinck, William 威廉・本廷克
Black, Dr Joseph 约瑟夫・布莱克医生（医学教授）
Booth, Enoch 伊诺克・布斯
bourgeoisie 资产阶级
Bright, John 约翰・布莱特
Brockelhurst, John 约翰・布罗克赫斯特
Brooks, John 约翰・布鲁克斯
Bruegel, Pieter 彼得・勃鲁盖尔
Brunel, Isambard Kingdom 伊桑巴德・金德姆・布鲁内尔
Brunel, Marc Isambard 马克・伊萨姆巴德・布鲁内尔
building labourers 建筑工人
Byron, Lord 拜伦勋爵

## C

Calvinism 加尔文主义
candle-making industry 蜡烛制造业
*Capital* (Marx)《资本论》（马克思）
capital accumulation 资本积累
capitalism 资本主义
car industry 汽车工业（行业）
Carlyle, Thomas 托马斯・卡莱尔
Cartwright, Edmund 埃德蒙・卡特莱特
census data 人口普查数据
ceramics industry 陶瓷工业（行业）
Chartist movement 宪章运动
children employment in mills 作坊里的童工雇用
Christy hat factory, Bermondsey 伯蒙德塞的克里斯蒂帽厂

class structure 阶级结构
Clay, Henry 亨利・克莱
cloth industry 布料行业
clothing industry 制衣业
coal power 煤炭动力
coal revolution 煤炭革命
Cobden, Richard 理查德・科布登
Cobbett, William 威廉・科贝特
colonialism 殖民主义
Colquhoun 科尔库恩
commercial revolution 商业革命
Common School Movement 公学运动
communism 共产主义
Cookworthy, William 威廉・库克沃西
Corn Laws (1815)《谷物法》(1815)
Cort, Henry 亨利・考特
cottagers and paupers 佃农和乞丐
Cotton, William 威廉・科顿
cotton industry 棉纺工业(行业)
creamware 奶油色陶器
Creative Destruction theory 创造性破坏理论
Crompton, Samuel 塞缪尔・克朗普顿

## D

Darby, Abraham 亚伯拉罕・达比
data collection 数据收集
de-industrialization 去工业化
demographic revolution 人口革命
Desaguliers, John Theophilus 约翰・西奥菲勒斯・德古利耶
development states 发展中国家(发展型国家)
Diaz, Porfirio 波菲里奥・迪亚兹
Disraeli, Benjamin 本杰明・迪斯雷利
Dwight, John 约翰・德怀特

## E

Early, Edward 爱德华・厄尔利
Early, John 约翰・厄尔利
earners 挣钱养家的人
East India Company 东印度公司
economic change 经济变革
*Economist*, The magazine《经济学人》杂志
Edison, Thomas 托马斯・爱迪生
education 教育
employment and selfemployment 就业与自我就业
employment legislation 工作立法(就业立法)
enclosures 圈地
energy industry 能源行业
energy revolution 能源革命
energy sources 能源
Engels, Friedrich 弗里德里希・恩格斯

## F

Factory Act (1833)《工厂法案》(1833)
factory production in the cloth industry 布料行业的工厂生产
factory reform 工厂改革
farm labourers 农场劳工(工人)
farmers 农民
felt production 毛毡生产
feudal system in England 英格兰的封建制度
financial revolution 金融革命
finishing 整理加工
food riots 食物骚乱

French Revolution 法国大革命
Friedrich the Great 腓特烈大帝
fuel consumption 油料消耗
fuel industry 燃料工业
Fulton, Robert 罗伯特・富尔顿

## G

Galileo 伽利略
GDP in Britain 英国的国内生产总值
George III, King 英王乔治三世
Germany 德国
globalization 全球化
Glorious Revolution (1688) 1688 年“光荣革命”

## H

Hamilton, Alexander 亚历山大・汉密尔顿
hand workers 手工艺工人
handicraft sector 手工艺部门(领域)
Hargreaves, James 詹姆斯・哈格里夫斯
hat production 帽子生产
Heathcote, John 约翰・希思科特
height of adults 成年人身高
Hobsbawm, Eric 埃里克・霍布斯鲍姆
House of Commons 下议院
House of Lords 上议院
Hudson Bay Company 哈德逊湾公司
Huntsman 本杰明・亨茨曼

## I

imperialism 帝国主义
Industrial Enlightenment 工业启蒙
Industrial Revolution 工业革命
industrialization 工业化
inequality, in working classes 工人阶级中的不平等
international industrial revolutions 国际工业革命
iron industry 炼铁工业
Italy 意大利

## J

Jackson, President Andrew 安德鲁・杰克逊总统
Justices of the Peace (JPs) 治安法官

## K

Kay, John 约翰・凯
kilns 窑炉
King, Gregory 乔治国王
knitting machines 纺纱机

## L

labour demands 劳动力需求
lace knitting 花边编织
land ownership 土地所有权
landed classes 地主阶级
Lee, William 威廉・李
liberalization 自由化
life expectancy 预期寿命
List, Friedrich 弗里德里希・李斯特
literacy levels 识字水平
living standards 生活水平
locomotives 机车
London Corresponding Society 伦敦通信协会
London Trades Council 伦敦贸易委员会

## M



## N



## O



## P

privatization 私有化
productivity 生产率
Protestantism 新教(教义)
proto-industrial revolution “原始工业”革命
Puritanism 清教主义

R

railways 铁路
Reform Act (1832)《改革法案》(1832)
Reformation 宗教改革
religious change 宗教变革
rent prices, related to wheat (与麦子有关的)租金价格
*Report on Manufactures* (Hamilton)《制造业报告》(汉密尔顿)
research and development (R&D) 研究与开发(研发)
respectability basket 体面篮子
Ricardo, David 大卫·李嘉图
*Rights of Man, The* (Paine)《人的权利》(潘恩)
Roebuck, John 约翰·罗巴克
Royal Commission on Trade Unions 皇家工会委员会
Royal Society 皇家学会
Russia 俄国

S

Sadler, John 约翰·萨德勒
Sadler, Michael Thomas 迈克尔·托马斯·萨德勒
Sanitation 卫生设施
Savery, Thomas 托马斯·萨弗里
Schumpeter, Joseph 约瑟夫·熊彼特
Scientific Revolution 科学革命
sewing machines 缝纫机
*Signs of the Times* (Carlyle)《时代的迹象》(卡莱尔)
slavery 奴隶制
Smeaton, John 约翰·斯米顿
Smee and Baxter 斯米和巴克斯特
Smith, Adam 亚当·斯密
social class, and voting rights 社会阶级,和投票权
social tables 社会一览表
social welfare 社会福利
spinning jenny 珍妮纺纱机
spinning machines 纺纱机
Spode, John 约翰·斯波德
Spode, Josiah I 乔赛亚·斯波德一世
spring loom invention 弹簧织机发明
standard model 标准模式(型)
standards of living 生活标准
State intervention for reform 为改革进行国家干预
steam engine 蒸汽机
steam power 蒸汽动力
steel industry 钢铁工业
subsistence baskets 生存篮子
subsistence ratio 生存比率
suffrage, universal 普遍选举权
superstition 迷信

T

taxation 税收
technological revolution 技术革命
Torricelli, Evangelista 埃万杰利斯塔·托里塞利
Toryism 英国保守党

## U



## V



## W



## Y



## Z

# 参考文献

## Chapter 1: Then and now

Contribution of industries to overall productivity growth and industry contributions to aggregate total factory productivity (TFP) growth—C.K. Harley, 'Reassessing the Industrial Revolution: A Macro View', in J. Mokyr (ed.), *The British Industrial Revolution: An Economic Perspective*, 2nd edn, Boulder, CO, 1990, p. 200, in conjunction with the average economy-wide growth in TFP over the period 1780–1860 from N.F.R. Crafts, *British Economic Growth During the Industrial Revolution*, Oxford, 1985, p. 81.

Candle making—George Dodd, *Days at the Factories* (1843), 1975, pp. 202–207.

Brother of Lord Chief Justice North—quoted by Keith Thomas, *Religion and the Decline of Magic*, London, p. 547.

## Chapter 2: The pre-Industrial Revolution, 1500–1700

Witney's history—Simon Townley (ed.), *The Victoria History of the Counties of England: A History of the County of Oxford*. Vol. XIV: *Witney and its Townships*, 2004.

Cobbett quote—William Cobbett, *Rural Rides*, ed. by Asa Briggs, Everyman's Library, p. 131.

High British wages—Robert C. Allen, *The British Industrial Revolution in Global Perspective*, 2009, pp. 25–56.

Heights—R. Floud, K. Wachter, and A. Gregory, *Height, Health and History: Nutritional Status in the United Kingdom,*

*1750–1980*, 1990; and F. Cinnirella, 'Optimists or Pessimists? A Reconsideration of Nutritional Status in Britain', *European Review of Economic History*, 12 (2008), pp. 325–354.

## Chapter 3: Why the Industrial Revolution was British

'Macro inventor' and 'Industrial Enlightenment'—these terms are due to Joel Mokyr in *The Lever of Riches: Technological Creativity and Economic Progress*, 1990; and *The Gifts of Athena: Historical Origins of the Knowledge Economy*, 2002.

Transformative effect of Asian imports—Maxine Berg, *Luxury & Pleasure in Eighteenth Century Britain*, 2005; and Giorgio Riello, *Cotton: The Fabric that Made the Modern World*, 2013.

'Whoever says industrial revolution ...'—Eric Hobsbawm, *Industry and Empire*, 1968, p. 56.

Labour market for spinners—Robert C. Allen, 'The High Wage Economy and the Industrial Revolution: A Restatement', *Economic History Review*, 2015, Vol. 68, No. 1, pp. 1–22.

Share of woollen cloth exported—Phyllis Deane, 'The Output of the British Woollen Industry in the Eighteenth Century', *Journal of Economic History*, 1957, Vol. 17, pp. 220, 222, n 45.

'The drawing of one clever designer'—A.P. Wadsworth and J. L. Mann, *The Cotton Trade and Industrial Lancashire*, 1931, p. 143.

Britain's share of world cotton production in 1880—Thomas Ellison, *The Cotton Trade of Great Britain*, 1886, p. 146.

British expansion at expense of Asian—Stephen Broadberry and Bishnupriya Gupta, 'Lancashire, India, and Shifting Competitive Advantage in Cotton Textiles, 1700–1850: The Neglected Role of Factor Prices', *Economic History Review*, Vol. 62, 2009, pp. 279–305.

Weavers' wages and invention—Robert C. Allen, 'The Handloom Weaver and the Power Loom: A Schumpeterian Perspective', University of Oxford, Discussion Papers in Economic and Social History, No. 142, 2016.

Christy hat factory—George Dodd, *Days at the Factories* (1843), 1975, pp. 141, 145, 158.

'Rate of labour is much greater'—James Turner, '"John Bull has a Deal to Learn" Factories without Machines in the Nineteenth-century Felt-Hatting Industry', Manchester Polytechnic, Institute of Advanced Studies, Research Paper No. 39, 1986, p. 9.

Did Newcomen know the science?—L.T.C. Rolt, *Thomas Newcomen: The Prehistory of the Steam Engine*, 1963, pp. 49–57, claimed that Newcomen was innocent of all scientific knowledge. This judgement was reversed in L.T.C. Rolt and J.S. Allen, *The Steam Engine of Thomas Newcomen*, 1997, pp. 37–38. See also H. Floris Cohen, 'Inside Newcomen's Fire Engine, or the Scientific Revolution and the Rise of the Modern World', *History of Technology*, 2004, Vol. 25, pp. 111–132.

'Where there is no water . . .'—J.T. Desaguliers, *A Course of Experimental Philosophy*, 1744, Vol. II, pp. 464–465.

On collective invention and Cornish engines—Alessandro Nuvolari, 'Collective Invention during the British Industrial Revolution: the Case of the Cornish Pumping Engine', *Cambridge Journal of Economics*, 2004, Vol. 28, pp. 347–363; and Alessandro Nuvolari and Bart Verspagen, '*Lean's Engine Reporter* and the Development of the Cornish Engine: A Reappraisal', *Transactions of the Newcomen Society*, 2007, Vol. 77, pp. 167–189.

'having tryed many experiments'—Robin Hildyard, 'Dwight, John', in H.C.G. Matthew and Brian Harrison (eds), *Oxford Dictionary of National Biography*, 2004. Online edn edited by Lawrence Goldman, January 2008: <http://www.oxforddnb.com/view/article/8338> (accessed 22 August 2012).

## Chapter 4: The condition of England

'90% of the lace machines'—*Report addressed to Her Majesty's Principal Secretary of State for the Home Department, upon the expediency of subjecting the lace manufacture to the regulations of the Factory Acts*, command paper 2797, 1861, pp. 29, 31.

US and British censuses of 1850 and 1851—*Compendium of the Seventh Census: Statistical View of the United States*, 1854, p. 148.

'400 and 500 children'—'Reports from Assistant Hand-Loom Weavers' Commissioners. Part V. Report by W.A. Miles, Esq. On the west of England and Wales', *British Parliamentary Papers*. C. 220, 1840, p. 552.

Peers versus national average—Bernard Harris, 'Public Health, Nutrition, and the Decline of Mortality: The McKeown Thesis Revisited', *Social History of Medicine*, Vol. 17, No. 3, 2004, p. 389; Angus Deaton, *The Great Escape: Health, Wealth, and the Origins of Inequality*, Princeton, NJ, 2013, pp. 59–100.

Life expectancy in cities, average—Bernard Harris, 'Public Health, Nutrition, and the Decline of Mortality: The McKeown Thesis Revisited', *Social History of Medicine*, Vol. 17, No. 3, 2004, pp. 394–396.

British heights and weights—Francis Galton, *Final Report of the Anthropometric Committee, Report of the Fifty-Third Meeting of the British Association for the Advancement of Science*, 1883, pp. 284, 292.

Nature and Napoleon—Joel Mokyr and N. Eugene Savin, 'Stagflation in Historical Perspective: The Napoleonic Wars Revisited', *Research in Economic History*, 1976, Vol. I, pp. 198–259.

Schumpeter quotes—Joseph A. Schumpeter, *Capitalism, Socialism, and Democracy*, Taylor & Francis e-library, 2003, pp. 82–83, 96.

## Chapter 5: Reform and democracy

'The whole annual produce'—Adam Smith, *An Inquiry into the Nature and Causes of the Wealth of Nations*, ed. by Edwin Cannan, 1937, pp. 50, 52.

'principle of our constitution'—Arthur Young, *The Example of France A Warning to Britain*, London, 4th edn, 1794, p. 106.

'the suffrages were not counted but weighed'—John Lawrence Hammond and Barbara Hammond, *The Village Labourer 1760-1832: A Study in the Government of England before the Reform Bill*, 1919, p. 49.

'Moral economy of the crowd'—from E.P. Thompson, 'The Moral Economy of the English Crowd in the Eighteenth Century', *Past & Present*, No. 50, February 1971, pp. 76–136.

'Collective bargaining by riot'—E.J. Hobsbawm, 'The Machine Breakers', *Past & Present*, No. 1, February 1952, pp. 57–70.

Byron's maiden address—R.C. Dallas, *Recollections of the Life of Lord Byron, from the Year 1808 to the End of 1814*, 1824, p. 207.

'a dislike to be under restriction as to time' and other references to Witney weavers—'Reports from Assistant Hand-Loom Weavers' Commissioners. Part V. Report by W.A. Miles, Esq. On the west of England and Wales', *British Parliamentary Papers*, C. 220, 1840, pp. 547–548.

'If Mr Paine should be able'—Rev. Christopher Wyvill, *Political Papers*, 1794–1802, Vol. V, p. 23.

'The legislature will certainly do all in its power'—Graham Wallas, *The Life of Francis Place, 1771-1854*, 1898, p. 159.

'The real battle'—Lord Henry Cockburn, *Life of Lord Jeffrey: With a Selection from his Correspondence*, 2nd edn, 1852, Vol. II, p. 233.

Expansion of the electorate—John A. Phillips and Charles Wetherell, 'The Great Reform Act of 1832 and the Political Modernization of England', *American Historical Review*, 1995, vol. 100, pp. 411–436.

'Wherever there is an ascendant class'—Richard K.P. Pankhurst, *William Thompson (1775-1833) Britain's Pioneer Socialist, Feminist, and Co-operator*, 1954, p. 131n.

Bagehot's recollection—'Mr Cobden', *The Economist*, Vol. XXIII, No. 1128, 8 April 1865, p. 398.

Quotes from *Signs of the Times*—<http://www.victorianweb.org/authors/carlyle/signs1.html>.

Bentham quote—A *Comment on the Commentaries and a Fragment on Government*, in J.H. Burns and H.L.A. Hart (eds), *The Collected Works of Jeremy Bentham*, 1977, p. 393.

'To assist in promoting the progress of social improvements'—T.S. Ashton, *Economic and Social Investigations in Manchester, 1833-1933. A Centenary History of the Manchester Statistical Society*, 1934, p. 13.

'There were [radical] associations all over the country'—Quoted by Dorothy Thompson, *The Chartists: Popular Politics in the Industrial Revolution*, 1984, p. 60.

## Chapter 6: The spread of the Industrial Revolution abroad

'The bones of cotton weavers . . .'—Karl Marx, *Capital*, 1867, Vol. I, chapter 15, 'Machinery and Modern Industry'.

'the destruction of weaving in India'—UK House of Commons, *Report from the Select Committee on East India Produce*, session 1840 (527), question 3920.

Development economists in the 1960s, see, for instance—W.W. Rostow, *The Stages of Economic Growth: A Non-Communist Manifesto*, 1960.

Workers per spindle: hand technology in the 1760s required one spinner and one carder per spindle plus auxiliary personnel in the putting out business—Robert C. Allen, *The British Industrial Revolution in Global Perspective*, 2009, pp. 185–186.

Arkwright mill—Mary Rose, *The Gregs of Quarry Bank: The Rise and Decline of a Family Firm, 1750-1914*, 1986, pp. 20, 25.

French mill—Andrew Ure, *The cotton manufacture of Great Britain*, London, 1836, Vol. I, p. lxxv.

British mill in 1820—G.H. Wood, 'The Course of Women's Wages during the Nineteenth Century', Appendix A in B.L. Hutchins, *A History of Factory Legislation*, 1903, p. 302.

Arab intellectuals—Albert Hourani, *Arabic Thought in the Liberal Age, 1798–1939*, 1983.

# 扩展阅读

## Chapter 1: Then and now

A short and exciting introduction to the Industrial Revolution is Eric Hobsbawm, *The Age of Revolution, 1789–1848*, London, 1962.

A multi-authored work by leading historians that surveys much of the recent research on the topic is *The Cambridge Economic History of Modern Britain*. Vol. I: *1760–1870*, ed. by Roderick Floud, Jane Humphries, and Paul Johnson, Cambridge, 2014.

The classical economists defined the themes that still dominate discussion:

Adam Smith, *An Inquiry into the Nature and Causes of the Wealth of Nations* (1776), ed. E. Cannan, New York, 1937.

Thomas R. Malthus, *An Essay on the Principle of Population* (1803), ed. by Patricia James, Cambridge, 1989.

Karl Marx, *Capital* (1867), Vol. 1.

Friedrich Engels, *The Condition of the Working Class in England*, 1844.

A major strand of modern research seeks to reconstruct national income during the Industrial Revolution. Key works include:

Phyllis Deane and W.A. Cole, *British Economic Growth, 1688–1959: Trends and Structure*, 2nd edn, Cambridge, 1969.

Nick Crafts, *British Economic Growth during the Industrial Revolution*, Oxford, 1985.

Knick Harley, 'British Industrialization before 1841: Evidence of Slower Growth during the Industrial Revolution', *Journal of Economic History*, Vol. 42, 1982, pp. 267–289.

Peter Temin, 'Two Views of the British Industrial Revolution', *Journal of Economic History*, 1997, Vol. 57, pp. 63–82.

Stephen Broadberry, Alexander Klein, Bas van Leeuwen, Bruce Campbell, and Mark Overton, *British Economic Growth, 1270–1870*, Cambridge, 2015.

Many historians now situate the Industrial Revolution in the 'great divergence' between Europe and Asia:

Kenneth Pomeranz, *The Great Divergence: China, Europe, and the Making of the Modern World Economy*, Cambridge, MA, 2000.

R. Bin Wong, *China Transformed*, New York, 1997.

James Lee and Wang Feng, *One Quarter of Humanity: Malthusian Mythology and Chinese Realities, 1700–2000*, Cambridge, MA, 1999.

Jack Goldstone, *Why Europe? The Rise of the West in World History 1500–1850*, Amsterdam, 2008.

Angus Maddison, *The World Economy*, London, 2006.

Many older historians still have much to offer in our understanding of the period:

Paul Mantoux, *The Industrial Revolution in the Eighteenth Century: An Outline of the beginnings of the Modern Factory System in England*, trans. by Marjorie Vernon, Rev. edn, London, 1928.

J.L. Hammond and B.B. Hammond, *The Village Labourer, 1760–1832: A Study in the Government of England before the Reform Bill*, London, 1913.

J.L. Hammond and B.B. Hammond, *The Town Labourer, 1760–1832: The New Civilisation*, London, 1917.

Ivy Pinchbeck, *Women Workers and the Industrial Revolution, 1750–1850*, London, 1930.

Alfred P. Wadsworth and Julia de Lacy Mann, *The Cotton Trade and Industrial Lancashire, 1600–1780*, Manchester, 1931.

J.U. Neff, *The Rise of the British Coal Industry*, London, 1932.

Eric Williams, *Capitalism and Slavery*, New York, 1944.

T.S. Ashton, *The Industrial Revolution 1760–1830*, Oxford, 1948.

Other issues that have received considerable attention are slavery, agriculture, demography, international trade, finance, and the constitution:

Robert Brenner, 'Agrarian Class Structure and Economic Development in Pre- Industrial Europe' (1976), in T.H. Aston and C.H.E. Philpin (eds), *The Brenner Debate*, Cambridge, 1985, pp. 10–63.

Joseph E. Inikori, *Africans and the Industrial Revolution in England: A Study in International Trade and Economic Development*, Cambridge, 2002.
E.A. Wrigley and R.S. Schofield, *The Population History of England, 1541–1871*, London, 1981.
Jan Luiten van Zanden, *The Long Road to the Industrial Revolution: The European Economy in a Global Perspective, 1000–1800*, London, 2009.
Larry Neal, *The Rise of Financial Capitalism: International Capital Markets in the Age of Reason*, Cambridge, 1990.
Gregory Clark, Kevin O'Rourke, and Alan M. Taylor, 'The Growing Dependence of Britain on Trade during the Industrial Revolution', *Scandinavian Economic History Review*, 2014, Vol. 62, pp. 109–136.
D.C. North and B.R. Weingast, 'Constitutions and Commitment: Evolution of Institutions Governing Public Choice in Seventeenth Century England', *Journal of Economic History*, 1989, Vol. 49, pp. 803–832.
Dan Bogart and Gary Richardson, 'Property Rights and Parliament in Industrializing Britain', *Journal of Law and Economics*, 2011, Vol. 54, pp. 241–274.
Dan Bogart, 'Did the Glorious Revolution Contribute to the Transport Revolution? Evidence from Investment in Roads and Rivers', *Economic History Review*, 2011, Vol. 64, pp. 1073–1112.

## Chapter 2: The pre-Industrial Revolution, 1500–1700

Max Weber, *The Protestant Ethic and the Spirit of Capitalism*, 1905.
Sascha O. Becker and Ludger Woessmann, 'Was Weber Wrong? A Human Capital Theory of Protestant Economic History', *Quarterly Journal of Economics*, 2009, Vol. 124, pp. 531–596.
Jan de Vries, *The Industrious Revolution: Consumer Behavior and the Household Economy, 1650 to the Present*, Cambridge, 2008.
Robert C. Allen, 'The Great Divergence in European Wages and Prices from the Middle Ages to the First World War', *Explorations in Economic History*, Vol. 38, October, 2001, pp. 411–447.
Robert C. Allen, 'Poverty and Progress in Early Modern Europe', *Economic History Review*, 2003, Vol. LVI, pp. 403–443.
Francesco Cinnirella, 'Optimists or Pessimists? A Reconsideration of Nutritional Status in Britain, 1740–1865,' *European Review of Economic History*, 2008, Vol. 12, pp. 325–354.
Robert C. Allen, *Enclosure and the Yeoman*, Oxford, 1992.

Jan de Vries and Ad van der Woude, *The First Modern Economy: Success, Failure and Perseverance of the Dutch Economy, 1500–1815*, Cambridge, 1997.

J. Hatcher, *The History of the British Coal Industry*. Vol. I: *Before 1700: Towards the Age of Coal*, Oxford, 1993.

Tine De Moor and Jan Luiten Van Zanden, 'Girl Power: The European Marriage Pattern and Labour Markets in the North Sea Region in the Late Medieval and Early Modern Period', *Economic History Review*, 2010, Vol. 63, pp. 1–33.

## Chapter 3: Why the Industrial Revolution was British

The greatly debated question is why the technological breakthroughs of the Industrial Revolution happened when and where they did. The works listed take very different approaches to the answer.

Robert C. Allen, *The British Industrial Revolution in Global Perspective*, Cambridge, 2009.

Joel Mokyr, *The Enlightened Economy: An Economic History of Britain, 1700–1850*, New York, 2010.

Margaret C. Jacob, *Scientific Culture and the Making of the Industrial West*, Oxford, 1997.

Maxine Berg, *Luxury & Pleasure in Eighteenth Century Britain*, Oxford, 2005.

Giorgio Riello, *Cotton: The Fabric that Made the Modern World*, Cambridge, 2013.

Steve Broadberry and Bishu Gupta, 'The Early Modern Great Divergence: Wages, Prices and Economic Development in Europe and Asia, 1500–1800', *The Economic History Review*, 2006, Vol. 59, pp. 2–31.

Eltjo Buringh and Jan Luiten Van Zanden, 'Charting the "Rise of the West": Manuscripts and Printed Books in Europe, A Long-Term Perspective from the Sixth through Eighteenth Centuries', *The Journal of Economic History*, 2009, Vol. 69, pp. 409–445.

Jan Luiten Van Zanden, 'The Skill Premium and the "Great Divergence"', *European Review of Economic History*, 2009, Vol. 13, pp. 121–153.

Morgan Kelly, Joel Mokyr, and Cormac Ó Gráda, 2014, 'Precocious Albion: A New Interpretation of the British Industrial Revolution', *Annual Review of Economics*, 2014, Vol. 6, pp. 363–389.

E.A. Wrigley, *The Path to Sustained Growth: England's Transition from an Organic Economy to an Industrial Economy*, Cambridge, 2016.

Nicholas Crafts, 'Steam as a General Purpose Technology: A Growth Accounting Perspective', *The Economic Journal*, 2004, Vol. 114, No. 495, pp. 338–351.

Nuvolari, Alessandro, 'Collective Invention during the British Industrial Revolution: The Case of the Cornish Pumping Engine', *Cambridge Journal of Economics*, 2004, Vol. 28, pp. 347–363.

Christine MacLeod, *Heroes of Invention: Technology, Liberalism and British Identity, 1750–1914*, Cambridge, 2007.

## Chapter 4: The condition of England

Friedrich Engels, *The Condition of the Working Class in England*, 1844.

C.H. Feinstein, 'Pessimism Perpetuated: Real Wages and the Standard of Living in Britain During and After the Industrial Revolution', *Journal of Economic History*, 1998, Vol. 58, pp. 625–658.

Jane Humphries, *Childhood and Child Labour in the British Industrial Revolution*, Cambridge, 2010.

Robert W. Fogel, *The Escape from Hunger and Premature Death, 1700–2100*, Cambridge, 2004.

Angus Deaton, *The Great Escape: Health, Wealth, and the Origins of Inequality*, Princeton, NJ, 2013.

R. Floud, R. Fogel, B. Harris, and S.C. Hong, *The Changing Body: Health, Nutrition, and Human Development in the West since 1700*, Cambridge, 2011.

Bernard Harris, 'Public Health, Nutrition, and the Decline of Mortality: The McKeown Thesis Revisited', *Social History of Medicine*, 2004, Vol. 17, No. 3, pp. 394–396.

David Mitch, 'The Role of Human Capital in the First Industrial Revolution', in Joel Mokyr (ed.), *The British Industrial Revolution: An Economic Perspective*, Boulder, CO, 1993, pp. 267–307.

David Mitch, 'Education and Skill of the British Labour Force', in Roderick Floud and Paul Johnson (eds), *The Cambridge Economic History of Modern Britain*, Cambridge, 2004, Vol. I, 1700–1860, pp. 332–356.

Joseph Schumpeter, *Capitalism, Socialism, and Democracy*, 1942.

## Chapter 5: Reform and democracy

Boyd Hilton, *A Mad, Bad, and Dangerous People? England 1783–1846*, Oxford, 2008.

Peter H. Lindert, *Growing Public: Social Spending and Economic Growth since the Eighteenth Century*, Cambridge, 2004, 2 volumes.

Harold James Perkin, *The Origins of Modern English Society*, 2nd edn, London, 2002.

E.P. Thompson, *The Making of the English Working Class*, London, 1963.

Emma Griffin, 'The Making of the Chartists: Popular Politics and Working-class Autobiography in Early Victorian Britain', *English Historical Review*, 2014, Vol. 129, No. 538, pp. 578–605.

Miles Taylor, 'Rethinking the Chartists: Searching for Synthesis in the Historiography of Chartism', *Historical Journal*, 1996, Vol. 39, pp. 479–495.

Dorothy Thompson, *The Chartists: Popular Politics in the Industrial Revolution*, New York, 1984.

C. Schonhardt-Bailey, *From the Corn Laws to Free Trade: Interests, Ideas, and Institutions in Historical Perspective*, Cambridge, MA, 2006.

B. Semmel, *The Rise of Free Trade Imperialism: Classical Political Economy the Empire of Free Trade and Imperialism, 1750–1850*, Cambridge, 2004.

Antonia Fraser, *Perilous Question: The Drama of the Great Reform Bill 1832*, London, 2013.

Peter Mandler, *Aristocratic Government in the Age of Reform: Whigs and Liberals, 1830–1852*, Oxford, 1990.

Bruce Morrison, 'Channeling the "Restless Spirit of Innovation": Elite Concessions and Institutional Change in the British Reform Act of 1832', *World Politics*, 2011, Vol. 63, pp. 678–710.

## Chapter 6: The spread of the Industrial Revolution abroad

The arguments in this chapter are developed at greater length in Robert C. Allen, *Global Economic History: A Very Short Introduction*, Oxford, 2011, which also lists many further readings.

The following are a few important works:

James Robinson and Daron Acemoglu, *Why Nations Fail*, London, 2011.

Douglas North, *Institutions, Institutional Change, and Economic Performance*, Cambridge, 1990.

Stephen Broadberry and Kevin O'Rourke, *The Cambridge Economic History of Modern Europe*, Cambridge, 2010.

David S. Landes, *The Unbound Prometheus: Technological Change and Industrial Development in Western Europe from 1750 to the Present*, Cambridge, 1969.

Patrick K. O'Brien and C. Keyder, *Economic Growth in Britain and France, 1780–1914: Two Paths to the Twentieth Century*, London, 1978.

Alexander Gerschenkron, *Economic Backwardness in Historical Perspective*, Cambridge, MA, 1962.

Ha-Joon Chang, *Kicking Away the Ladder: Development Strategy in Historical Perspective*, London, 2002.

Stanley L. Engerman and Kenneth L. Sokoloff, *Economic Development in the Americas since 1500: Endowments and Institutions*, Cambridge, 2012.

Robert C. Allen, *Farm to Factory: A Reinterpretation of the Soviet Industrial Revolution*, Princeton, NJ, 2003.

Ronald Findlay and Kevin O'Rourke, *Power and Plenty: Trade, War, and the World Economy in the Second Millennium*, Princeton, NJ, 2007.

Jeffrey G. Williamson, *Trade and Poverty: When the Third World Fell Behind*, Cambridge, MA, 2011.

Agustín Bénétrix, Kevin O'Rourke, and Jeffrey Williamson, 'The Spread of Manufacturing to the Poor Periphery 1870–2007', *Open Economies Review*, 2015, Vol. 26, pp. 1–37.